教員養成における「実践的」プログラム

中国の知見に学ぶ

岩田康之・三石初雄 編

GTP 東京学芸大学出版会

はじめに

　本書は、東京学芸大学と東北師範大学との教員養成、中でも教育実習等の「実践的」プログラムに関わる共同研究の一連の成果をまとめたものである。約10年前からの両大学間の"相互理解、相互紹介"に始まり、"意見交換、研究協議"の過程で、"比較研究の視点"を抽出しつつある。とりわけ2013年度以降においては、近年の日本と中国における教師教育の政策並びに教師教育プログラム開発の動向を念頭におきながら、両大学が志向してきている教員養成並びに現職研修プログラムの特質と課題を追求してきた。その際の視点として、具体的な教員養成プログラム並びに教育実習の改善に関しての理論的実践的な研究課題が浮かびあがってきた。本報告は、これまでの研究の足跡を整理するための一つの作業として、これを基にさらなる意見交換・研究協議の進展を期待して作成した。なお、その経緯の概略は本書の終章に記したので参照していただきたい。
　そもそもこの日中共同研究は、教員養成カリキュラム開発研究センターの発足（2000年4月）以降のセンターの活動の中で醸成されてきたものである。それらの経緯を経て、本研究は坂井俊樹・元センター長（研究代表）による科学研究費補助金（「高度実践型を指向する教師教育システムと内容・方法に関する実証的日中比較研究」）を得て推進してきた。
　そこでは、「日本の教員資質向上策においては、実践的指導力の向上が絶えず焦眉の課題とされ、教員養成教育を提供する各大学で、教育実習や教育フィールド体験を含むプログラムの充実や、それに関わっての大学と学校現場や地方教育行政の連携の充実が見られる。しかし教員養成・免許制度の大幅改革が指向されている状況ではあるが、実践的指導力育成の前提となる学校教育現場、教育委員会とのパートナーシップの在り方に関する構造的な問題を研究的に析出することはいまだ充分とはいえない状況にある」（科学研究費助成事業研究成果報告書）という理解をもとにしている。ここで言う「構造的研究」には、現在の教育実習が教員免許状取得の

ための一つの単位・要件であることに着目し、教員養成における教職科目領域の充実とともに、学校や地域での教育課題解決にあたっての中核となる専門職者育成（質保証）とはどうあるのかを究明することも含まれている。また、本共同研究では「中国における研究的師範大学（中略）において重点的に行われている教員養成ならびに現職教員研修システムの革新はめざましいものがあり、とりわけ東北師範大学の教師教育研究学院を中心に高度実践型で専門職的な教師育成をめざすプロジェクトが推進されてきており、それは知識基盤社会における教師の養成と研修のための体系と内容・方法の研究・開発にあたっては示唆に富むものである」という課題意識から研究を進めてきている。

　本共同研究では、政策・概要レベルの比較研究にとどまらず、両国の教育政策に配慮しながら自覚的に各教員養成系大学での教師のための実践的指導力育成のカリキュラム・プログラムに関わっての具体的事例を基に議論してきた。

　本書を基に、日中教師教育の比較共同研究をさらに推進していくことができれば幸いである。

2019年3月

大竹 美登利

目　次

はじめに　　　　　　　　　　　　　　　　　　　　　大竹 美登利　　3
序章　教員養成における「実践的」プログラム
　　　　──政策動向の概観──　　　　　　　　　　前原 健二　　7

Ⅰ 中国の教師教育の課題と教育実習

第1章　【解題】中国の教師教育とその改革課題　　　岩田 康之　　23
第2章　中国の教師教育政策の新しい動向
　　　　──実践能力の養成を中心に──　　　　　　李 広平　　31
第3章　中国における教育実習の課題　　　　　　　　饒 従満　　45
第4章　中国の大学における教育実習モデルの探索　　鄧 濤・呉 宗勁　　57
第5章　東北師範大学教師教育における教育実習　　　李 広　　73
第6章　小学校の教育実習カリキュラムおよびその実施　呂 立傑　　89
第7章　中学数学の教育実習カリキュラムとその実施　李 淑文　　105
第8章　中学化学の教育実習カリキュラムとその実施　王 秀紅　　119
第9章　中学地理の教育実習カリキュラムとその実施　王 向東　　139

Ⅱ 教員養成における「実践的」プログラム──東京学芸大学の取り組み──

第1章　東京学芸大学における「教育実地研究」の構造と試み
　　　　　　　　　　　　　　　　　　　　　　　　大竹 美登利　　161
第2章　中学校数学科における教育実習の事例研究　　矢嶋 昭雄　　177
第3章　中学校社会科における教育実習の事例研究　　荒井 正剛・坂井 俊樹　　197

終章　日中の教師教育に関する研究交流
　　　　──温故知新──　　　　　　　　　　　　岩田 康之・三石 初雄　　209
おわりに　　　　　　　　　　　　　　　　　　　　岩田 康之　　221

【執筆者一覧】

(執筆順、○＝編者)

大竹 美登利	東京学芸大学名誉教授（教員養成カリキュラム開発研究センター・前センター長）
前原 健二	東京学芸大学教員養成カリキュラム開発研究センター教授
○岩田 康之	東京学芸大学教員養成カリキュラム開発研究センター教授
李 広平	東北師範大学教育学部教授
饒 従満	東北師範大学教育学部教授
鄭 濤	東北師範大学教育学部副教授
呉 宗勁	東北師範大学教育学研究生（大学院生）
李 広	東北師範大学教育学部教授
呂 立勲	東北師範大学教育学部教授
李 淑文	東北師範大学数学與統計学院教授
王 秀紅	東北師範大学化学学院教授
王 向東	東北師範大学地理科学学院副教授
矢嶋 昭雄	東京学芸大学教職大学院教授
荒井 正剛	東京学芸大学教育学部教授
坂井 俊樹	開智国際大学教育学部教授／東京学芸大学名誉教授（教員養成カリキュラム開発研究センター・元センター長）
○三石 初雄	帝京大学大学院教職研究科教授／東京学芸大学名誉教授

【翻訳協力】

臧 俐	東海大学短期大学部准教授
於 穎	東京学芸大学大学院教育学研究科（修士課程・2018 年修了）

　第Ⅰ部 第 2 章～第 9 章の各論考の邦訳は、臧・於両氏の訳を基に、編者（岩田）が訳語の調整等を行っている。

教員養成における「実践的」プログラム
——政策動向の概観——

前原 健二

1. 日本の教員養成における「実践的」プログラムの政策動向

　本稿ではおおむね2000年代以降の日本の教員養成政策における「実践的指導力」に関わる動向を概観し、その上で「実践的指導力」をめぐるいくつかの論点を先行研究に即して示す。特に教員養成政策における「実践的指導力」の意味について、職務能力としてのコンピテンシーおよび教員養成教育のグランドデザインと関わらせて、若干の議論を提示する。

　教員養成政策において「実践的指導力」が争点となって久しく、実践的指導力をどのように育てるのかという問題は常に教員養成論議の中心にあったと言える（油布2013）。すでに1987年の教育職員養成審議会答申において、教員には「教育者としての使命感、人間の成長・発達についての深い理解、幼児・児童・生徒に対する教育的愛情、教科等に関する専門的知識、広く豊かな教養、そしてこれらを基盤とした実践的指導力が必要である」とされ、大学における養成教育においては「実践的指導力の基礎」を形成することが求められていた。この1987年答申を受けて、入職段階で保有されているべき「実践的指導力の基礎」を深めるものとして初任者研修制度が創設された。1997年の同審議会答申においても「実践的指導力の基礎」を強固にすることが提言され、その後「教職の意義等に関する科目」が新規に導入され、また教育実習の単位数の増加（実習期間の延長）が行われた。

　2001年11月には「国立の教員養成系大学学部の在り方に関する懇談会」による報告「今後の国立の教員養成系大学学部の在り方について」が出された。ここでは特に国立の教員養成学部に対して、「これまでの横並

び的な教員養成の在り方から脱却し、それぞれの学部が、自らの専門的立場に立脚した識見により、社会の変化や子どもたちを取り巻く環境の変化を的確にとらえた教員養成カリキュラムを編成し、教員としての専門性の育成と発展に不断に努力していくこと」、つまり大学学部ごとの独自性を発揮して「実践的な能力を持った教員」を養成することが求められていた。2004年には国立大学の法人化が行われたことと相俟って、教員養成のカリキュラムについても大学学部ごとの独自性が強まっていくこととなった。これに先立って、1991年の大学設置基準の大綱化、1998年の教育職員免許法改正（特に「教科に関する科目」の最低単位数の削減）を通じて国公私立のすべての大学においてカリキュラムの多様性の度合いは高まってきていた。

　2006年の中央教育審議会答申「今後の教員養成・免許制度の在り方について」は教員に必要な実践的指導力についての上記の考え方を踏襲しつつ、新たな制度として教職大学院の創設を提言した。若干詳しく見るならば、この答申は学部段階の教員養成教育においては「教員として最小限必要な資質能力」を養成することを求め、その「最小限必要な資質能力」とは1997年の教育職員養成審議会答申で示された「教職課程の個々の科目の履修により修得した専門的な知識・技能を基に、教員としての使命感や責任感、教育的愛情等を持って、学級や教科を担任しつつ、教科指導、生徒指導等の職務を著しい支障が生じることなく実践できる資質能力」を指すものとされていた。1997年答申はこの資質能力を「実践的指導力の基礎」と呼んでいたから、要するに学部段階の教員養成教育を通じて求められる「最小限必要な資質能力」とは「実践的指導力の基礎」であるということになる。2006年答申はこの資質能力ないし知識技能を修得したことを確認することを目的として、学部段階の教員養成教育の最終段階に「教職実践演習」という新しい科目の導入することを提言した。またこの答申は教員養成教育の内容については各大学の教員養成に対する理念を踏まえた主体的な取組、改善を強く求め、教職課程の運営についても組織的な運営体制の整備を求めるものとなっていた。新しい専門職大学院としての教職大学院は「学部段階での資質能力を修得した者の中から、さらにより実

践的な指導力・展開力を備え、新しい学校づくりの有力な一員となり得る新人教員の養成」を図ることと「現職教員を対象に、地域や学校における指導的役割を果たし得る教員等として不可欠な確かな指導理論と優れた実践力・応用力を備えたスクールリーダーの養成」を図ることの二つを当面の目的・機能として提案されていた。以上の答申を受けて、2008年度から教職大学院が開設され、2009年から「教職実践演習」を導入する教育職員免許法施行規則も施行された。

2012年の中央教育審議会答申「教職生活の全体を通じた教員の資質能力の総合的な向上方策について」は「学び続ける教員像」を掲げ制度的には「教員養成を修士レベル化し、教員を高度専門職業人として明確に位置付ける」（同答申）方向性を示すものであった。そこではすでに開設された教職大学院の成果から得られる知見も踏まえて、特に現職教員としての経験を持たずに入学してくる院生についても実践的な指導力を確実に向上させる場としての教職大学院のあり方が提起されていた。

この民主党政権下で出された教員養成の「修士レベル化」という方向性は、入職前教員養成の標準的な学歴を大学院修士修了以上にするという意味においては進展していない。教職大学院の拡大という意味においては2013年10月に「教員の資質能力向上に係る当面の改善方策の実施に向けた協力者会議」報告として出された「大学院段階の教員養成の改革と充実等について」において、国立教員養成系修士課程は原則として教職大学院へ移行させる方針が示された（ただし個別の例外を許容する可能性も明記されている）。これに応じて、国立大学法人第三期中期目標期間中（2016年度から2021年度）に全都道府県にひとつ以上の教職大学院が設置される見込みとなっている。

2015年12月の中央教育審議会答申「これからの学校教育を担う教員の資質能力の向上について」は、今後予定されるアクティブ・ラーニングの展開や「チーム学校」を旗印とした学校運営の拡充に対応できる教員のあり方を研修、採用、養成の一体的改革として提案するものである。内容は多岐にわたるが、養成段階については教育委員会と大学等が養成、研修の内容を調整するための制度として教員育成協議会（仮称）を創設するこ

と、「実践的指導力の基礎の育成」に資するべく学校現場や教職を体験する機会を増やす必要があるとして「学校インターンシップ」の導入を検討することなどが示されている。学校インターンシップはある程度長期間にわたって学校現場を体験することを内容とするもので、教育実習との役割分担を明確にしつつ教育実習とは別建てで実施ないしその一部を代替するものとすることが想定されている。

　以上、おおむね 2000 年以降の教員養成における実践的指導力の養成に関する政策動向を主に中央教育審議会答申に即して簡単に整理した。法定の教科目や単位数の改訂については省いた。また、このかんの教員養成教育の実務的な動きとしては、日本教育大学協会「モデル・コア・カリキュラム」研究プロジェクトによる『教員養成の「モデル・コア・カリキュラム」の検討——「教員養成コア科目群」を基軸にしたカリキュラムづくりの提案——』(2004 年) がある。ここでは教員の実践的指導力の中軸が「教育実践を科学的・研究的に省察（reflection）する力」と捉えられ、教員養成カリキュラムの中心に「体験と省察の往還」を位置づけることが提案されていた。なおここで示された考え方の全国的展開について、さらに日本教育大学協会「モデル・コア・カリキュラム」研究プロジェクトによる調査研究『教員養成カリキュラムの豊かな発展のために』が 2006 年にまとめられている。

2.「実践的指導力」向上施策としての教職大学院政策の検討

　2000 年以降の教員養成に関わる施策において教育制度の観点から最も注目すべきものは教職大学院である。教員養成教育の標準的な学歴を大学院修士に移行させるという提案は、学校教育に向けられる期待の拡大や多様化に伴って、また日本社会全体の学歴水準の高度化に応じて、さらに国際的にみた場合の水準の維持という観点から、少なくとも荒唐無稽なものとは思われない。国立教員養成系の修士課程はすでに 40 年以上にわたって存続しているし、修士課程修了者が取得できる専修免許状も存在してい

るが、それらは教員養成教育のグランドデザインの中に適切に位置づけられているとは言い難い。そうした中で、教職大学院が専門職大学院制度の枠組みの中で新設されたこと、また原則として国立教員養成系の修士課程が教職大学院へ転換される見込みであることは興味深い。

　国立教員養成系の修士課程が教員養成のグランドデザインという観点からみた場合に問題を抱えていることは各種の答申で指摘されている通りである。教員養成系を「文系」とみるならば（実際はそこには理系も含まれているが）、その問題は文系大学院総体の抱えている問題と大きく重なっている。つまり個別の学問領域や特定の主題に特化する傾向が強く、社会的有用性や職業上の必要と接合する観点に著しく乏しいということである。

　専門職大学院制度はこの問題を踏まえて創設されたものと言える。現時点で、専門職大学院設置基準において明文で示されている専門職大学院は法科大学院と教職大学院である。このうち法科大学院については、その本来の構想、制度設計、実際の運用のすべての面で問題点が指摘されている。つまり従前の「一発勝負」的な司法試験の弊害とされた知識偏重、受験技術重視の仕組みを改め、法科大学院では法曹に必要な知識、技能等を高いレベルで提供すると同時に司法試験合格後の司法修習の内容の一部を組み込み、法科大学院修了者のおよそ七割が司法試験に合格することを想定した制度設計がなされたが、実際の合格率は三割以下にとどまっている。また一部の法科大学院においては司法試験合格率がゼロに近いか、またはゼロである。これにより、法科大学院の「淘汰」が進行している。一方で法科大学院を経ずに「予備試験」から司法試験へ進むルートも残されたから、この場合法科大学院と司法修習を司法試験でつなぐという一体的な法曹教育の構想は貫徹されないことになる。法科大学院の導入に伴って司法修習期間は短縮されたから、今日の状況は全体としての法曹的実務能力の形成という点でレベルダウンを招来したとする批判もある。司法試験の最終合格者自体が従前の二倍程度に増やされたこととも相俟って、法科大学院制度の導入が法曹的実務能力の形成のレベルダウンを招いたという指摘は妥当なもののように思われる。

教職大学院についてはどうか。たとえば新構想教育大学(上越教育大学、兵庫教育大学、鳴門教育大学)との異同、いわゆるストレート院生(学部から直接進学してくるもの)と現職院生の扱い方、キャリア上のインセンティブの有無など制度設計に関わる問題があるが、それら以上に本来の構想に対する根本的な批判が存在する。そのいくつかの主な論点をまとめる。

磯田文雄は(磯田 2014)、教職大学院制度によって教員養成の高度化を図るという政策意図そのものに疑念を呈している。教員給与の総額抑制、非正規教員の活用という現在進行中の施策は教員養成の高度化の趣旨に反するからである。また磯田自身はそう断定してはいないが、教職大学院の実習重視、実務家教員重視、研究指導なしという内容が「師範学校」タイプの教育機関の復活を目指すものであるならば、それは「大学における教員養成」の趣旨に逆行するものであると論じている。磯田は今取り組むべきことは「教員養成の高度化ではなく、学校現場の当面する課題に対応するため、学部段階の教員養成の改善、現職教員の資質能力向上のための施策の展開、学校に対する支援機能の強化、学校の教職員が主体的に教育活動に専念できる学校運営システムの創造などである」(同上)と述べている。

本稿の筆者(前原)は、職業社会学的な観点から、教職大学院の設置を推進する施策は学校現場の改善にも教員養成の高度化にも直接つながらないとしても、教職の職業的威信を保持するという機能を果たす可能性があると考えている(前原 2016)。教職大学院は、現在予定されている新規開設が完了した時点においても一学年の定員は 2000 人に満たない。しかも半数以上は現職教員の受け入れが想定されているから、新規採用教員のうち教職大学院修了者の占める比率は数％程度と推定される。要するに教職大学院制度は法科大学院制度のようなシステムのメインルートの変更ではなく、薬学部の四年制から六年制への移行のような意味での制度改革でもない。学校現場に対する実際的な影響はきわめて小さいと考えるのが妥当と思われる。それにもかかわらず、教職のための特別な教育機関として教職大学院が存在することには意味がある。社会一般が特定の職に対して抱くイメージである職業的威信は様々な要因によって決まるが、標準的な年

収と標準的学歴は重要である。教員の場合、戦後いち早く「大学における教員養成」の原則を掲げ、人材確保法等の施策によって教員の処遇改善を図ってきたことは今日の教員の職業的威信の高さ（油布 2007）につながっていると言える。現在四年制大学卒は学歴水準としてアドバンテージを持たないし、教員の勤務条件は切り下げられる傾向にある。そうした状況下において、国家的施策として教職大学院が設置されることはイメージ戦略的に大いに意味がある[1]。

3. 「実践的指導力」の本質：「コンピテンシー」と関連させて

　油布佐和子は（油布 2013）実践的指導力の重視が「現場主義」への傾斜と実践的指導力を明示化する「規準・基準」の設定という二つの方向を生み出していることに対する危惧を述べている。前者つまり現場主義への傾斜は各地の教員養成系学部などで取り組まれてきた学部段階からの学校現場体験型のプログラム、大学外の学校ボランティア的事業、および教職大学院のカリキュラム等が含まれる。
　入職前から学校現場や子どもたちとの触れあいを増やすことは実践的指導力の基礎を育てることに資するという見立てには、計量的な根拠はないとしても、確かに経験的な強みがある。大学における講義や演習、読書や思索を通じた学習によっては得ることのできない「暗黙知」の獲得のためには現場主義以外にないようにも思われる。後者つまり「規準・基準」の設定も、いわゆるスタンダードや専門性基準の設定、モデル・カリキュラムの提案と同様に、自然な発想のようにも思われる。教員養成教育が意図的な企画として遂行されるものであり実践的指導力の基礎の育成が目標とされるならば、それを達成するための方法や段階の明示化が図られるのは自然であり、むしろ逆に規準・基準を設定せずに実践的指導力の基礎の育成を語ることの方が無責任のそしりを受けるべきことのようにすら思われる。
　それではどこに問題があるのか。すでに見てきたように、実践的指導力

の基礎という表現は政策的には「教職課程の個々の科目の履修により修得した専門的な知識・技能を基に、教員としての使命感や責任感、教育的愛情等を持って、学級や教科を担任しつつ、教科指導、生徒指導等の職務を著しい支障が生じることなく実践できる資質能力」という意味で使われてきた。これは実体的な概念というよりも機能主義的で状況依存的な概念である。現場主義は暗黙知の獲得のための無二の機会として正当化することができるが、そこには現場を問い直す視点が欠けている。規準・基準の設定は卓越した人の行動特性から抽出された要素としてのコンピテンシーを用いることで確かに有用な振り返りの視点を提供するが、しかし教育実践の文脈依存性とは整合的でなく、やはり現場を問い直す視点は欠きがちであり、なにより基準はしばしばいったん成立すると自己目的化しがちである。油布はおおよそこのように実践的指導力重視の問題性を指摘している。

興味深いことに、油布は実践の主体的な問い直しを不問に付した外的な行動特性としての実践的指導力をOECDのコンピテンシー概念と接続するものとして描いている[2]。この外的な行動特性としてのコンピテンシー概念が教員の実践的指導力を考える際に持つ意味について若干補足的に検討しておきたい。いわゆる学力論の中のコンピテンシーをめぐる議論と労働者（当然に教員を含む）の職務能力としてのコンピテンシーをめぐる議論には共通する面と異なる面があるからである。

PISA調査以後、コンピテンシーは人間の能力を表現する用語として学校教育関係者の間で広く用いられるようになった。たとえばそれはOECD：DeSeCoにならって「ある特定の文脈における複雑な要求（demands）に対し、認知的・非認知的側面を含む心理—社会的な前提条件の結集を通じて、うまく対応する能力」（松下2011）と定義される。松下佳代は今日のコンピテンシーの概念は1970年代アメリカの経営学・人材管理論にルーツを持つとして、経営学的なコンピテンシーの概念と今日の教育学的なコンピテンシー概念とを対比している。そこでは、OECD：DeSeCoのそれは要求と文脈と主体の「内的構造」の関係を重視する「ホリスティック・モデル」であり、「『内的構造』を構成する能力の一つひとつをコンピテンシーとして抽出・尺度化するのではなく、要求と内的構造

と文脈を結び合わせて有能な(competent)パフォーマンスを生み出すシステムとしてコンピテンスを把握する」と述べられている。

確かに、経営学における1970年代からのコンピテンシーの考え方は、1990年代のアメリカにおいて実用化され、特定の職務において現に高い業績を上げている人とそうではない平均的な人の行動上の特性や心理的な反応の特性などを数多く収集して尺度化し、人材の選抜や人事考課を行うツールを生み出した。いわゆるコンピテンシー・ディクショナリーである(太田1999)。人材選抜や人事考課の新しいツールとしてコンピテンシーが実用化された背景には、80年代以降のアメリカ企業の国際的競争力回復のための経営改革があるといわれる(谷内2001)。限定された職務内容の明示を原則とする「ジョブ型」[3]雇用の「脱ジョブ型」への移行に対応する人材を選抜し処遇するための職務能力の捉え方としてコンピテンシーの概念が必要とされたのである。

こうした説明とは別に、コンピテンシー概念については更に長い前史の存在が明らかにされている。黄福涛がまとめているところによれば、産業やビジネスに関係する部門ではすでに1920年代からコンピテンシー的なものが論じられていた(黄2011)。その後、アメリカでは1960年代からアカウンタビリティーの要求などを背景に、特に教員の仕事ぶりに対する関心が高まっていった[4]。1970年代には、「コンピテンスを基盤とした教員養成」(黄2011)が初等教育教員の養成プログラムに導入され、その後他の職種にも広まっていった。そこでの教育の特徴は端的に言えば行動主義的アプローチであった。つまり現に優れた仕事をしている人の行動を集めて類型化を図り訓練するというものである。こうした行動主義的なコンピテンス基盤型教育はその後様々に批判を受け、より包括的な内容を含み、学習者の主体性を重視したアプローチへと展開していくこととなり、その後OECD:DeSeCoの議論へも流れ込んでいくことになった(黄2011)[5]。しかし職務能力としてのコンピテンシーというアイディアは、アメリカの企業経営論および人材管理論(ヒューマン・リソース・マネジメント:HRM)において一時もてはやされたものの(加藤2011)、その後実務レベルでは急速に影響力を失っているようである。児童生徒の新しい学力の

定義としてのコンピテンシーについては独自の展開が生じていると言えるが、それに先行していた職務能力としてのコンピテンシーについては、同列に論じることは難しい。

こうした見立てが正しいとすれば、実践的指導力の概念は、ある種の職務能力を意味するものとしてのコンピテンシーの概念を経由してみたとき、少なくとも二重の意味でもともと危うい基礎の上に立っていると言える。第1に、教員の仕事は行動主義的な準備教育と結びつけられやすいという点である。教員の仕事は単純な定型化を許さない複雑さをもつが、安定的によいパフォーマンスをみせる教員が存在することは経験的事実といってよい。その「よさ」を抽出して行動主義的にまとめあげたいという要請は自然なものと思われる。しかし行動主義的な理念に基礎をおく教員養成教育は、今日の教員に求められる資質能力と一致しない。

第2に、外的な行動特性に焦点化したコンピテンシーはすでに一度批判され、よりホリスティックな概念に鋳直されたはずであるが、この改鋳は概念的にはともかく実際的には難しいという点である[6]。外的な行動特性への注目は人間の内面を外から観察することができないからこそ意味を持つ。教員のコンピテンシーとしての実践的指導力も、たとえそれをいかにホリスティックに定義したとしても、常に外的な行動特性の偏重に帰しがちなことを経営学のコンピテンシー論議は示しているように思われる。教員養成教育についてもこのことはそのまま妥当する。

以上の検討が示しているのは、入職前段階の教員養成教育の目的を「実践的指導力の基礎」の形成と定め、その実践的指導力の中身を優れた教員の職務能力に関係するコンピテンシーの概念によって満たそうとするアイディアは、経営学における人材管理論の展開を念頭に置いたとき、大いに疑わしいということである[7]。

4. 教員養成教育のグランドデザインをめぐって

佐藤学は、1970年代までの教師教育が行動科学に基礎をおく「資質ア

プローチ」であったと述べている（佐藤 2015, p.51）。佐藤によれば、その後多くの国で教師教育のアプローチには変化が生じた。

> 一九八〇年代以降、世界各国の教師教育改革は「資質アプローチ」から離脱して「知識アプローチ」へと移行している。教師の知識が教育実践の効果において決定的な役割を果たしていることが知られるようになり、教育研究も行動科学から認知科学へとパラダイム転換を行った。教師教育の「知識アプローチ」において見直されたのが、教師教育のカリキュラムであり、従来の実務的な技能の訓練に代わって、教科内容の知識、子どもの学びと発達に関する知識、教室や学校の社会的文脈に関する知識、教師の教科内容に関する知識、教師の教科内容の理解と生徒の理解の関係についての知識、生徒の認知発達に関する知識、協同的学びに関する知識など、教師が専門家として実践を遂行するのに必要な「知識基礎」の見直しが進行した。併せて、教師が授業において活用している「実践的知識（practical knowledge）」と「実践的見識（practical wisdom）」に関する研究が展開した。（同上、p.51）

　佐藤はこのように述べて、日本の教員養成教育もまた、制度的には「大学院レベルの教員養成」への移行を基本として、内容的には知識アプローチへと転換するべきだと強く主張している。佐藤の描く具体的な教員養成教育のグランドデザインは教育学の理論や概念のあり方、教育研究そのものの方向性といったレベルから行財政面を含む多くの制度改革や専門職団体の組織と役割の再定義といったレベル、大学のカリキュラムの編成・内容・評価のレベルなど、グランドデザインの名にふさわしい包括的なものである。もちろん佐藤自身が自覚的に述べているように、教員養成教育の改革は常に多くの軋轢や抵抗、異論反論にぶつかる。つまり佐藤の描くグランドデザインは現在の日本の教員養成改革の社会的合意の水準を示しているわけではない。佐藤が現行の教職大学院を強く批判することには、十分な理由があるというべきである。

　現時点での教員養成教育のグランドデザインは、政策動向において示し

たように、大学学部段階において実践的指導力の基礎を獲得させることを目標とし、学校現場での体験を重視するというものである。グランドデザインという観点からみれば、これまでも様々に行われてきた教育職員免許法および同施行規則による科目の改廃、科目群の再編や単位数の変更などは微細な修正といってよく、「体験と省察の往還」「学び続ける教員像」といった魅力的な惹句もその字義の可能性を十分に開花させているとはいえないように思われる。

　今後の教員養成教育の方向性の中でも「実践的指導力」はもっとも根本的な論点となるだろう。それがすべての問題を解決するマジックワードとして用いられ、実際には行動科学的に記述された職務能力としてのコンピテンシーの重視に行き着くのか、それとも十分な知識と見識と人間性に基礎をおく専門職性に立脚した実質的な概念として再定義されるのか。国際的な改革事例の報告もまた、第1にこの論点を念頭に読まれるべきである[8]。

参考文献
磯田文雄（2014）、「戦後教員養成政策の変遷から見た教師教育の"高度化"」『日本教師教育学会年報』23
岩田康之（2013）、「「実践的指導力」と日本の教員養成政策」『小学校教師に何が必要か――コンピテンシーをデータから考える』岩田康之・別惣淳二・諏訪英広編、東京学芸大学出版会
太田隆次（1999）、『アメリカを救った人事革命　コンピテンシー』経営書院
加藤恭子（2011）、「日米におけるコンピテンシー概念の生成と混乱」西脇暢子ほか「組織流動化時代の人的資源開発に関する研究――組織間強力と組織間人材移動をふまえた人材開発・育成・活用の問題を中心として」『産業経営プロジェクト報告書』一般研究、第34巻2号
佐久間亜紀(2006)、「教師にとっての『実践的指導力』――その重層的世界――」『教師教育改革のゆくえ――現状・課題・提言――』東京学芸大学教員養成カリキュラム開発研究センター編、創風社
佐藤学（2015）、『専門家として教師を育てる』岩波書店
谷内篤博（2001）、「新しい能力主義としてのコンピテンシーモデルの妥当性と信頼性」『経営論集』文京学院大学総合研究所、第11巻1号
辻太一朗（2013）、『なぜ日本の大学生は、世界でいちばん勉強しないのか？』東洋経済新報社
黄福涛（2011）、「コンピテンス教育に関する歴史的・比較的な研究――コンセプト、

制度とカリキュラムに焦点をあてて——」『大学論集』広島大学高等教育研究開発センター、第42集
本田由紀（2014）、『社会を結びなおす——教育・仕事・家族の連携へ』岩波書店
前原健二（2016）、「日本における教員養成の「高度化」と教職の社会的地位」『教員養成カリキュラム開発研究センター研究年報』Vol.15
松下佳代（2011）、「〈新しい能力〉による教育の変容——DeSeCo キー・コンピテンシーと PISA リテラシーの検討」『日本労働研究雑誌』53巻9号
油布佐和子（2007）、「教師を支える財政基盤とその行方」『転換期の教師』油布佐和子編著、所収、放送大学教育振興会
油布佐和子（2013）、「教師教育改革の課題：「実践的指導力」養成の予想される帰結と大学の役割」『教育学研究』80巻4号
油布佐和子（2015）、「教員養成政策の現段階：首相官邸、財務省、財界によるグランドデザイン」『日本教師教育学会年報』24
Monjan, Susan V., Gassner, Suzanne M.(1979), *Critical issues in competency based education*. Pergamon Press, New York.

注
1 いわゆるフラッグシップ戦略。一連の商品ラインナップの中に高機能・高価格の製品を投入するのは、必ずしもそれが直接に売り上げに貢献することを期待しているわけではなく、商品ラインナップにブランドとしての価値イメージを植え付けることにある。高機能製品の開発が売れ筋製品への技術移転につながることもあるが、戦略の本質はそこにはない。
2 ただし油布は教員の実践的指導力を教員のコンピテンシーとして記述することが望ましくはないということを強調している（油布 2013）。
3 日本の企業はこれにたいして「メンバーシップ型」と特徴とする、といわれる。この議論を更に進めると、企業組織の「メンバーになる」ことを第1の目標とするための教育こそが日本の学校システムの特徴だったとする本田由紀の議論に接続することができる。本田のいう「赤ちゃん受け渡しモデル」つまり「何にでもなれます、なんでもやれます」という無垢な可能性としての能力（＝無能力）という最強のコンピテンシー教育がなされていたということになる。参照、本田、2014。
4 黄は欧米の文献ではコンピテンスとコンピテンシーは区別されて用いられるのに対して日本では同じ意味で用いられているとしている。本稿においてもこれらは特に区別しない。
5 なお Monjan and Gasner, 1979 も参照。そこでは「初めは、competency-based な教育は職業教育、技術教育のプログラムと結びついていた。今日では competency-based な教育は様々な教育分野を覆う包括的な用語となっている。今日、

competency-basedな教育の表題の下に含まれるありとあらゆる種類の目標のカタログを示すことができるだろう。リベラルアーツのプログラムでさえ、そのカリキュラムの一部についてパフォーマンス目標による定義を展開している」(p.4)と述べられている。

6 実際、アメリカの企業現場ではホリスティックなコンピテンシー評価は「使いにくい」としてすでに廃れているとも言われている。

7 岩田康之は、ここで述べたような手続きで教員のコンピテンシーを追究するという方向性を、困難ではあるが有益なものとみている。参照、岩田、2013。また佐久間亜紀は従来の実践的指導力を典型的に「学問・知識」重視、「方法・技術」重視、「人間性」重視の三類型にまとめた上で、ドナルド・ショーンの議論を参照しながら実践的指導力を「自分の実践を複眼的に省察する力量」として再定義することを提案している（佐久間 2006）。これに直接異議を唱えるわけではないが、実践の省察というアイディアは深い専門的知識を欠いた場合には容易に単純な現場主義に回収されうるように思えてならない。

8 大学における教員養成教育の問題は、日本の大学教育全体の問題の一部として考えられる必要がある。「世界で一番勉強しない」と揶揄されることもある日本の大学生の惨状がそれ自体として改善されるなら、教員養成教育の問題もその相当部分が自ずと解消されるかもしれない。逆に言えば、大学における教員養成教育の問題は教員養成の方法やカリキュラムに主に起因するものではなく、大学教育全般の社会的意味変容（「レジャーランド化」「人生の夏休み」）に起因すると見た方が妥当かもしれない。この点については論じることができなかった。参照、辻、2013。

第Ⅰ部

中国の教師教育の課題と教育実習

第 1 章

【解題】中国の教師教育とその改革課題

岩田 康之

1. 中国の教師教育：概況

1.1 文革後の学校と教師教育

　中華人民共和国（北京政府の直接統治の及ぶ地域＝以下単に中国）においては、いわゆる文化大革命の影響から脱した1980年代以降に、市場経済の導入を進め、それは教育分野にも及んでいる。その一つの画期は、1985年に共産党の打ち出した「校長責任制」に求められる。これは校長に権限と責任を与えて、小中学校を競争的環境下に置くことでその活性化を促すことを企図したもので、ここで校長には決定権・指揮権・人事権・財務権の四大権限が付与されることとなり、新任教員の招聘や任用、人事の処遇における学校単位の独自性が濃くなった。この制度は、その後の中国の教育における地域格差の拡大要因として作用した。その後に導入された「無料師範生」制度などは、こうした格差へのソリューションという側面を一定程度持ってもいる。

　教師の資格に関しては、1993年の「中華人民共和国教師法」と翌年の「教師資格条例」によって、小学校教員については中等師範学校卒業（後期中等教育レベル）、初級中学（日本の中学校相当）の教員については高等師範専科学校卒（準学士レベル）、高級中学（日本の高等学校相当）の教員については高等師範大学・学院（学士レベル）がそれぞれ「合格学歴」と定められた。

　ここで注意すべきことがいくつかある。

　まず中国の学校制度と教師の関係がある。中国の学校制度は「小学」（六年制）－初級中学（三年制）－高級中学（三年制）－大学（本科四年制、専

科二〜三年制）という、ほぼ日本と同じ形になっている。そして初等・中等教育（六-三-三）を総称して「基礎教育」と呼び、「高等教育」と区分している。その基礎教育のうち、「中学」という語は日本の中学校（前期中等教育）と高等学校（後期中等教育）の双方を含む。それゆえ本書の第Ⅰ部に収められた数学（李淑文）・化学（王秀紅）・地理（王向東）の「中学」の教育実習カリキュラムに関する論考は、日本における中学校・高等学校のそれに当たる。これは日本におけるいわゆる「開放制」原則下で、国公私立の一般大学（学部）の多くで中学校・高等学校の各教科の教員養成が大規模に行われているのに近いが、中国においてそれは主に師範大学のそれぞれの教育組織で行われているのである。

　また、日本と中国の教員養成の大きく異なる点として、小学校においても教科担任制がベースになっていることが挙げられる。当然、小学校の教師資格や養成プログラムも基本的には教科別になっている。これは──中国の方にとっては若干失礼な言い方であるが──各教科の教師の専門性が大切だとする積極的な理由よりはむしろ、中等師範学校（後期中等教育レベル）で養成され、十代後半で入職する教師たちに、複数教科にわたる教科内容知識や指導法への習熟を求めるのが現実的に困難であるという消極的な理由に起因するものと捉えられる。

　また、教師資格は、上位互換性を持つ。つまり高級中学におけるある教科の教師資格を持つ者は、初級中学や小学校においても当該教科の授業担当が可能なのである。このことは、前述の「合格学歴」の設定（上級学校の教師資格になればなるほど基礎資格が高い）とも関わって、中国の教師をめぐる問題の基本として、(1) 小学教師＜初級中学教師＜高級中学教師という階層序列が色濃くあること、および (2) 師範大学等での養成プログラムが「教科」を基調として伝統的に行われてきていること（つまりは大学の当該教科の教科教育を担う教員たちと、実習校の当該教科の教員たちとの緊密な関係の基で教育実習が行われる下地がある＝これが本書第Ⅰ部に頻出する東北師範大学の「実験区」につながる）、という事情があることに通じる。それゆえ、小学校の教師に求められる専門性の吟味に根ざして、独自に小学校教育実習の指導体制を作ること（呂立勲）は上記(1)の

伝統的なありように照らしてユニークな試みであると言える。

1.2 「教師教育」概念の誕生

前掲の「合格学歴」は、その後十年ほどでおおむね満たされ、2004年の時点での「学歴充足率」は小学教師で98%、初級中学教師で94%、高級中学教師で80%に達している（教育部統計による）。この頃から、政策的な焦点はこの「合格学歴」を満たすことから、入職前の準備水準のさらなる向上（小学校教師の養成に関しては大学レベルへ）と内容的な充実へ、さらには入職後も通じた教師の職能開発の支援へと移っていくことになる。前者に関してはたとえば師範大学（本科四年制）における小学校の教員養成が2000年前後から見られるようになり、東北師範大学もこうした動きの初期に初等教育学院を設けて小学校教師を学士レベルで養成することを開始している。

また後者の点に関わって、従来は入職前の教育を「師範教育」、入職後を「継続教育」とそれぞれ別個に捉えていたものを、入職前・入職後を通じて「教師教育」として捉えるようになっていくのもおおよそ1990年代以降の動向である。ちなみに中国教育学会における「師範教育分会」は創設初期からの伝統ある組織である（前身は高等師範教育研究会）が、「教師教育分会」が設けられるのは2004年のことである。なお、中国語圏においては「教員養成」という語は、本土以外も含めてほとんど用いられることがない。

2. 中国の高等教育と教師教育

2.1 師範大学と「開放制」

中国の高等教育は、規模において世界最大となっている。2017年度の教育部「教育統計数据」[1]によれば、高等教育機関（普通高校[2]、職業専門高校、その他）は2,631校、職員数は2,442,995（うち専任教員1,633,248）、

学生数は学部相当 (undergraduate) が27,535,869、大学院生（postgraduate 研究院生）が2,639,561である。この高等教育機関は、教育部直轄のもの（76校）その他中央政府所管のもの（43校）のほか、地方政府の管轄に属するもの（1,766校）、非政府機関によるもの（「民弁」＝いわゆる私立学校、746校）に分かれる。師範大学に関して言えば、教育部の所管に属するものは北京師範大学、華東師範大学（上海）、東北師範大学（長春）、華中師範大学（武漢）、陝西師範大学（長安）、西南大学（重慶：2005年に西南師範大学と西南農業大学を併合）の6校のみであり、その他は全て省および市の教育部局（教育委員会）の所管である。したがって北京市には北京師範大学（中央所管）と首都師範大学（市所管）、上海市には華東師範大学（中央所管）と上海師範大学（市所管）、といったように、大都市には相異なる複数の師範大学が存在する。そして中央所管の六大学は中国の教師教育のリーダー的存在と目され、ステイタスも高い。

　また、日本に近い形での「開放制」（教師資格を持つ人材養成に特化したいわゆる師範院校以外に、多様な高等教育機関が教師資格につながるトレーニングを提供すること）も進んできている。ただし、中国における「開放制」化とは、(1)師範大学に「師範類」（卒業が教師資格にほぼ直結する教育組織。日本の教員養成課程に相当。こうした教育組織に所属する学生は「師範生」と呼ばれる）のほかに「非師範類」の教育組織を設けることと、(2)師範大学以外の一般大学に教師資格課程を設けること、の二つを柱としている。前者は日本の教員養成系大学における新課程（ゼロ免課程。教員免許状取得を要件としない）に近いもので、現状では師範大学の半数以上の専攻は「非師範類」になっている。こうした動きは中国における高等教育の量的拡大の一環であるとともに、研究重点化の動きに即して行われている点に特徴がある。

　また後者は、2001年に国務院の打ち出した政策を機に、総合大学も参画する開放的な教師教育制度が奨励されることとなった。師範大学の側でも、たとえば北京師範大学のように、入学時点で師範類（教員養成系）と非師範類（非教員養成系）を分けず[3]、学士課程や修士課程の中に選択制の教職関係科目を置くという形を採るところも生まれている。

結果として、2009年の時点で、教師資格課程を持つ高等教育機関（師範院校）は495校、うち師範類を持つ師範院校は143校(29%)[4]と、日本ほどではないものの、一般大学における教員養成が広く行われてきている。

このように、高等教育レベルでの教師教育の量的な拡大は、教師の資質の水準の向上に大きく寄与したことは確かであるが、その半面、質の多様化を生むことにもなった。そのことが、後述するような質保証に関わる政策動向の背景にある。

2.2　質保証をめぐる政策動向

中国における教師の質保証に関しては、多種多様な政策が21世紀に入って実施に移されている。評価の基準作りとその運用に関わるものを挙げてみると、教員養成機関におけるカリキュラム・スタンダードとしての「教師教育課程標準」のほか、基礎教育の教師たちの専門性基準（中小学校教師専業標準）、教師教育を行う高等教育機関の評価基準等々、多岐にわたっている。

また、従来は、師範院校以外の教師資格課程を修了した者に対してのみ課されていた資格認定試験が、2011年より段階的に師範院校の師範類卒業生にも課されるようになった。この、教師資格に関わる国家試験（全国統一試験）の導入の背景には、「開放制」的な施策による質的な多様性に加え、師範院校（特に地方政府管轄の師範大学）の量的な増加に伴い、質の低い師範生が少なからず生まれたことがある。

こうした諸施策のうち、「教師教育課程標準」[5]については、教育部が2004年に立ち上げたプロジェクトにより検討が開始され、2011年10月に「試行」[6]として公布されている。

これは幼稚園・小学校・中学校（初中・高中の双方共通）の三つの学校段階の教師教育を行うに際して、中等師範学校(初中を終えた後の五年制)、大学専科（高中を終えた後の三年制）、大学本科（四年制学士課程）の三種の養成機関において、それぞれ設定されている。構成としては「基本理念」「課程目標と課程構成」「実施提案」の三種からなっている。このうち

「基本理念」においては、「育人為本」（人を育てることが基本である＝児童・生徒中心主義)・「実践指向」(教育の実践を意識し、現実問題に目を向ける）・「生涯学習」（入職前・入職後を通じて学び続ける教師）の三つからなっており、その上でそれぞれの学校種・養成機関種別に主に教職関連科目の領域・科目についてのガイドラインを呈示する形になっている。こうした一連の施策については、本書第Ⅰ部の李広平氏の論考に詳しい。

3. 教師教育における「実践性」：東北師範大学の取り組み
3.1 「世界一流師範大学」

中国における最初の「師範大学」は、1923年創設の北京師範大学である[7]が、その前身は北京高等師範学校および北京女子高等師範学校である。高等師範学校とは、日本における旧制のそれと同じく、中等学校の教員養成を主な機能とする高等教育機関（専門学校レベル）であったが、同時期の日本の高等師範学校が「師範大学」とならずに「文理科大学」（1929年、東京・広島に創設）となったのとは対照的に、「師範大学」となったものである。日本との違いを端的に述べるならば、(1)「師範」（教師教育の専門性）と「大学」（アカデミズム）が融合していること、および(2)歴史の古さと、その後の「開放制」の進展が日本ほどではないこともあって、特に教育部直属の六校の師範大学の、国内の高等教育界におけるステイタスが比較的高いこと、の二点になろう。

東北師範大学は、1946年に創設され、教育部直轄の師範大学の中でも比較的古い歴史を持つが、教師教育の実践性に重きを置き、「世界一流師範大学」を志向している点、中でも小学校教育を含む実習等の実践的プログラムの充実を重視している点に大きな特色がある。

「211」や「985」等の、教育部による高等教育機関への重点的な予算配分は、研究水準の高い大学を中心に配分され、結果として教育部直轄の大学へに傾斜している[8]。ただこのことの弊害として、師範大学においても、その多くは教員養成の実践的なプログラムからは遊離した、専門的な

研究分野での水準の高さをアピールし、重点的な予算配分を受ける傾向になっているのである。そうした中で、教育実習のモデルを開発し（鄧濤・呉宗勁両氏の論考）、実践性あふれる教員を養成すること、そしてそれを研究と結びつけていこうとする姿勢を前面に出す東北師範大学[9]は異彩を放つ。

3.2　東北師範大学の「実践性」志向

こうした、東北師範大学の実践性重視の具体相は、本書第Ⅰ部のそれぞれの論考から看取できるであろうが、典型例としては、大学－地方政府－学校の連携による「U-G-S モデル」（2007 年～。饒従満氏の論考に詳しい）と、教師教育研究院の設置（2009 年）の二つがあろう。前者は東北三省に教育実習のフィールドを確保することと合わせ、それらを「基地」として実習校の教育開発や、教師たちの専門性向上にも寄与する形での win-win 関係を目的としたものである。また後者は、教師教育の研究を通じて、教師教育に携わる人材の養成や研究者養成（大学教員の職能開発）などを一体的に行う期間である。学長が院長を兼任し、饒従満（常務副院長）氏や李広平（教師教育研究所・副所長）氏を始め、本書に寄稿している多くの研究者が関わってもいる。

注
1　http://www.moe.gov.cn/s78/A03/moe_560/jytjsj_2017/qg/（2019 年 3 月 4 日）
2　「高校」という漢語は「高等教育機関」すなわち「大学」を意味する。日本の「高校」が後期中等教育を担う高等学校を意味するのとは大きく異なるので注意が必要である。
3　南部広孝(2005)「中国の教員養成」、日本教育大学協会編『世界の教員養成Ⅰアジア編』学文社、pp.11-33
4　岩田康之(2013)「教員養成改革の日本的構造──「開放制」原則下の質的向上策を考える──」日本教育学会『教育学研究』第 80 巻第 4 号、pp.14-26
5　この「教師教育課程標準」を含む各種の基準類は、教育部教師工作司（「司」は日本でいう「局」相当の行政組織）のサイトにある。
　　http://www.moe.gov.cn/s78/A10/jss_left/s6990/

	また「教師教育課程標準（試行）」については、臧俐氏によって訳されている。「中華人民共和国教育部「教師教育課程標準（試行）」仮訳」東京学芸大学教員養成カリキュラム開発研究センター『研究年報』Vol.12、2013 年、pp.119-131
6	臧俐 (2013)「中国の「教師教育課程標準」の制定の意義と課題」東京学芸大学教員養成カリキュラム開発研究センター『研究年報』Vol.12、pp.17-26
7	岩田康之 (2018)「日本の「大学における教員養成」の理論的諸課題──比較研究的視点から──」『東京学芸大学紀要 総合教育科学系Ⅱ』69 号、pp.499-508
8	澤田裕子 (2018)「中国の高等教育事業」佐藤幸人編「21 世紀アジア諸国の人文社会科学における研究評価制度とその影響」調査報告書 アジア経済研究所、pp.13-34
9	詳しくは陳欣 (2013)「中国における師範大学の教育学部再編──東北師範大学教育学部を事例として──」東京学芸大学教員養成カリキュラム開発研究センター『研究年報』Vol.12、pp.7-16 を参照されたい。

第 2 章

中国の教師教育政策の新しい動向
―― 実践能力の養成を中心に ――

李 広平

　20世紀末以来、市場経済体制の確立、改革の深化、高等教育の急速な拡大、基礎教育新課程の改革などの諸要因の影響に伴って、中国の教師教育も、教師の専業化の推進という基本理念の下で大きく変化している。この変化は教師教育の変革として今日まで続いてきているが、この全過程では「量的充足型から質的向上型へ」という特徴が見られるといえる。

　この時期の前半の教師教育の変革は、「開放化」「一体化」「高レベル化」という教師教育体系の構築に力点を置いて、外的枠組みの調整により教員養成の質的向上を図っていた。しかし、2007年以降、"頂崗実習"（実習生が単独で教育活動を行い担当部分の責任を取るという新しい実習方法）と"免費師範生"（学費、宿泊費、生活手当が国から支給される師範生）の両政策が実施されたことをきっかけに、中国の教師教育の変革は、改革および改革による内面改善を通しての質的向上を図るという特徴に変わった。教師教育政策は師範生の教育実践能力の育成に力点を置くようになった。

1. 政策変化の背景と要因

　1990年代以降、計画経済から社会主義市場経済へと変わったことは、中国社会のパターン変更を引き起こした。社会の変化と改革開放の深化により、中国の基礎教育、高等教育、および教師教育は激しく変化している。これらの変化は、多かれ少なかれ当面の実践能力の育成を中心とする教師教育政策の確立と実施に関係している。

1.1　開放的教師教育システムの構築過程で生ずる教師教育の質の低下

　1952年の高等教育改革以来、長い間中国の教師教育は前ソ連のやり方を参考にしていた。単独の師範大学での教員養成と政府の計画管理による教員養成を行っていた。このようなやり方は、教師教育界では、"閉鎖式"教師教育システムと呼ばれる。1990年代以降、改革開放の深化により、小中学校教員の振り分けは市場化され始めた。師範生の就職はかつての"包分配"(国の斡旋による就職の保障)から切り離されるようになった。このことにより、伝統的"閉鎖式"教師教育システムはもはや時代の発展に相応しくなくなった。その上、当時の小中学校教師の量的不足が教師集団の強化向上に当たっての主たる課題であったため、教師教育機関の増設は政策における自然な選択となった。そこで、当時の国家教育委員会は、1996年の『師範教育の改革と発展におけるいくつかの意見』(『関于師範教育改革和発展的若干意見』)の中で、「各種の単独の師範大学が主となって、非師範大学との共同参加」による教員養成システムの構築に関する見解を出した。また、1999年に『教育改革の深化と資質教育の全面推進に関する中国共産党中央員会及び国務院の決定』(『中共中央国務院关于深化教育改革全面推進素質教育的決定』)の中で、再び「総合大学と非師範大学による小中学校教員養成への参入、条件の揃った総合大学における師範学院の試験的設置を奨励する」と打ち出した。国務院は、2001年5月29日に『基礎教育の改革と発展に関する決定』(『関于基礎教育改革与発展的決定』)において、教師教育システムを改善するための発展計画を打ち出すとともに、基礎教育の改革と発展に相応しい第一段階の教師教育システムを明確化した。それは、すなわち「現存の師範大学が主となって、他の大学の共同参入による養成・研修を一体化する開放的教師教育システムを完備する」総合的なものである。2002年に開催された全国教師教育大会(全国教師教育工作会議)および『教育部における2003年度事業要点』(『教育部2003年工作要点』)などの公文書においては、教師教育の開放制の重要性をさらに強調している。その一環として、教育部師範教育司の提唱および後援の下で、2003年11月11日～11月13日に厦門で「全国非師

範大学における教師教育に関するシンポジウム」(「全国非師範院校教師教育工作研討会」)が開催された。そこで、『非師範大学による教師教育への参入に関する行動宣言』(『非師範院校積級参与教師教育的行動宣言』)が公布された。

　このように、一連の政策的推進の下、中国の教師教育改革は開放制の軌道に乗るようになった。しかし、初歩段階の「開放制教師教育システム」が構築されるにしたがって、予測しなかった問題も出てきた。それは、多元化された教師教育機関による多様な教師教育の図式の形成と同時に出てきた、教師教育における格差の問題や、総合大学の教師教育への参入と伝統的教師教育の総合化による教師教育自体の大学における辺縁化の問題およびその辺縁化による教師教育のレベルダウンの問題である。これらの問題の更なる進展を防ぐには、教師教育の質的向上に関する政策上の対応が必要となる[1]。

1.2　基礎教育の新課程改革から生じた教師教育改革への要求

　教育の変革は教師教育システムを転換する直接の原動力である。2001年からスタートした新しい基礎教育課程改革にあたって、教育部は同じ年に公布・実施した『基礎教育課程の改革綱要（試行）』(『基礎教育課程改革綱要（試行）』、以下同。)の中で次のように指摘している。

> 　教育課程における知識に対する過度の重視を変え、積極的な学習態度の形成を重視しなければならない。基礎知識と基本技能を獲得する過程を、学び方を学び、正しい価値観を形成するプロセスにしなければならない。
> 　教育課程における教科本位と科目過多による整合性の欠如のような構成特徴を変え、9年間を一貫する教育課程の種類と時間配分を全体的に考えるとともに、総合課程の設置も考えなければならない。すなわち、課程内容においてはペーパー上の知識の偏重を変え、学生生活と現代社会及び科学技術の発展と関連付ける内容を強化し、学生から

の学習への興味関心とその経験を重視し、生涯学習に必要な基礎知識と技能を学ぶ内容を精選しなければならない

　また、受動的学習、丸暗記、機械的訓練を重んじる現状を変え、学生による積極的参加、探求の楽しみ、こまめに行動することを奨励して、情報を収集・処理し、新たな知識を獲得し、問題を分析・解決し、他と交流・協力するなどの能力を養成しなければならない。基礎教育課程の改革は、教師自らが"伝授者"から"促進者"へ、"権威者"から"協力者"へ、知識の"復唱者"から"研究者"へ、技術者から人間性に富む教育者へと変わらなければならない[2]。

　こうなると、基礎教育とセットになっている従来の教師教育課程と図式は、新しい時代における教育の発展と需要に応えられなくなっただけでなく、多くの不適切性を現わしてしまっている。『基礎教育課程の改革綱要(試行)』は、同時に入職前と入職後の研修に新たな要求を提示している。すなわち、「師範大学およびその他の基礎教育教師の研修に当たる大学と訓練機関は、基礎教育課程の改革の目標と内容に基づき、自ら訓練目標、専門設置、課程構成を調整し、教育方法を改善しなければならない。小中学校教師の継続教育は基礎教育課程の改革を中心に内容調整をしなければならない」。

　基礎教育課程の改革は、以下三点を主とする。第1に、教師の資質能力と新課程の実施能力に更なる高い要求を出している。教師自身が、教育課程の枠組み、内容の構成、教育の図式と方法、実践的教育の進め方などの改革による基礎教育の実践における新しい需要に対応できるようにしなければならない。第2に、教師教育機関と教師教育者に対して、基礎教育実践に注目するようにし、基礎教育の実践と需要に基づき教師教育を行うように要請している。第3に、教師の研修および専門性の向上の価値を強調し、教師教育における入職前と入職後教育の一体化を促している。

1.3　小中学校教師の需要変化がもたらした契機

20世紀の末、計画出産政策の実施と人々の生育観念の転換により、中国は人口の膨張を抑えていた。21世紀の初め、小学校の学齢人口は明確な減少状況になってきた。中学校の学齢人口も減少し始めている。高校段階の学齢人口は最も多い時期に突入した。小学校と中学校の学齢人口の減少は、小中学校の教育における相対的な活力低下や在校生の減少を引き起こすに違いない。このことは、わが国の教師の需要状況が量的不足から枠組み上のアンバランスへと変化する矛盾を引き起こしてしまう。この矛盾は、小学校と中学校においては、教師の量的過剰となって現れる。

　小中学校教師の量的不足から過剰への変化により、教師教育は、基礎教育への対応という点で教師の量的需要に対応できるようになっているが、教師の質的向上に重点を移す必要がでてきた。教師教育の質的向上は、まず教師教育のレベルアップに目を向けなければならない。2002年の『"15年"期間における教師教育の改革と発展に関する教育部の意見』(『教育部関于"十五"期間教師教育改革与発展的意見』)は、小学・中学等の各段階の師範教育機関の配置、教育内容のレベル構成および種類などの調整を、地域状況に基づき積極的なお安定的にしなければならないと指示している。教師教育機関の構成は、"三級"から"二級"へと転換し、それによる新たな充実としての教師の学歴レベルの向上につなげなければならない。その後の教師教育の関連政策の中でも、国は教師の学歴レベルの向上をたびたび重ねて強調した。しかし、その後の多くの実践から、学歴の向上は新任教師の知識習得に一定の効果はあるが、その資質能力の根本的向上には繋がっていないことが判明した。特に、教育実践能力の向上は思うとおりに行かなかった。この現実は、教育実践能力の向上を中心とする教師教育政策へとつながることになった。

1.4　教師の専門性の理念の推進

　改革開放と教育改革の深化に従い、国際社会における教師の専門性に関する考え方も中国に入ってきて、中国の教師教育政策と教育現場に影響を与えている。1994年に公布された『中華人民共和国教師法』は、初めて「教

師は教育の職責を履行する専門性を持つ職業」だと標記した。このことは、教師の職業における専門性の向上を国が要求しているということであり、法律上における教師の専門的地位の確認でもある。その後、1996 年に開催された全国師範教育大会は、教師の専門性という発想から、教師教育の方向性付けを行った。「師範教育の改革を深化させ、師範教育の専門的水準を向上しなければならない」「師範教育の専門的水準は学術性と師範性の統一である。教科における専門的知識と高い学術水準だけでなく、師範専門における特別な理論的知識、技能および能力も求められる」[3]。2003年に教育部師範教育司は、専門家を集め『教師の専門職化に関する理論と実践』(『教師専業化的理論与実践』) を編纂した。国レベルの教師教育の主幹部門が教師の専門性という考え方を承認したとも理解できる。その後、関連の政策と公文書は"資質の高い専門性を持つ教師"を教師教育と教師集団の強化向上における重要目標と方向性とするようになった。

　専門性を持つ資質の高い教師は、その名誉と職業に相応しい職業理解と道徳性、専門知識と専門的能力などの資質を持つことを意味する。これらの資質の向上は、大学の教室とキャンパスで実現されるだけでなく、基礎教育の実践とそこで生じる問題をめぐって、基礎教育が求めていることに基づき、その現場に潜り込んでからはじめて実現されることである。そのため、教師教育の目的、課程構成と内容、教育現場と教育の図式などにおいても改革は行われなければならない。

2. 政策転換の始まり："頂崗実習"と"免費師範生"の教育政策

　2007 年 3 月 5 日に、当時の国務院の総理である温家宝氏は、第十回全国人民代表大会の五回目の小会議における政府の活動報告の中で、教育部直属の六師範大学における"免費師範生"教育の実施の考えを述べた。その後、2007 年 5 月に、教育部、財政部、中央機構編成委員会事務所（略称 SCOPSR）人事部の四部門は、連合で『教育部直属の師範大学における師範学生の無償教育の実施方法（試行）』(『教育部直属師範大学師範生

免費教育実施方法（試行）』）を公布した。国務院事務機構は、この公文書を中国全土に送付し周知させた。師範生に無償教育を行うという重大な決定は、師を尊敬し教育を重んじるという気運を生み、教育を社会において最も尊敬される事業にするためである。教育部直属の六師範大学における無償教育（免費師範生）試験的導入は、制度化するための経験の蓄積になり、優れた教師と教育者を大量に養成するための基礎作りにもなる。

　優れた教師と教育者を養成するには、教師教育の課程システムと構造の改革、教師教育の教育図式の改革を行うだけでなく、師範学生の教育実践における改革と改善も行う必要がある。以前から、中国の教育学者たちと教育行政に携わる者たちは、伝統的師範学生の教育実践に多くの問題と不十分なところがあると気付いていた。例えば、教育実習の理念の遅れ、実習管理、実習評価の不合理などである。これらの問題は、教師教育の質的向上を大いに抑制するだけでなく、優れた教師と教育者を養成する目標実現の邪魔となっている。そのため、教育部は、西南大学、河北師範大学などの師範学生の"頂崗実習"の経験を反省し、"免費師範生"教育の推進と結び付けるために、『師範学生の教育実習と教育支援事業を大いに推進する意見』（『関于大力推進師範生実習支教工作的意見』）を公布した。これは、政策上において師範学生の教育実践能力の養成に対して、改善および模索する方向性を出してくれたことになる。

　『師範学生の教育実習と教育支援事業を大いに推進する意見』は、師範学生の教育実習と教育支援に関する意見を七ケ条出している。第１条は、教育実習と教育支援事業の大切さに関するものである。本条文の主要部分に「師範学生の教育実習は小中学校教師の養成に欠くことのできない大切な一環である」と規定されているだけでなく、以下三点を並列する形で、教員養成における教育実習と教育支援の重要性が述べられている。「師範学生の教育実習と教育支援の推進は、まず、教師教育改革そのものの推進、師範学生に対する実践的教育の強化、教員養成の質的向上の有効な措置である。そして、教員養成教育への強化、師範学生が教育現場に入り込み、地域状況を知り、彼らの社会的責任感と使命感を強化するための必要な手段でもある。さらに、高等師範教育機関と小中学校の関係を緊密化し、理

論と実践の結び付けを促進し、基礎教育によりよくサービスする重要な絆でもある」。但し、第１条の最後には、師範学生の教育実習と教育支援の推進は、農村の小中学校教員のレベルアップにも付帯的役割を果たすことができると明記されている。ここからは、師範学生の教育実習と教育支援を推進する出発点は、師範学生の教育実践能力を養成することであると分かる。さらに意見の第２条には、教育実習と教育支援の推進を通じて、師範学生の教育実習制度の改善、教育実践の考えと行動の強化を図ることが引き続き強調されている。第１に、初めて正式の政策文書に「高等師範教育大学は、地域の実情に基づき、高学年の師範生に小中学校で一学期以上の教育実習を計画しなければならない」という教育実習の時間的要求が出されている。第２に、教育実践を「高い資質の持つ教員を養成する目的から外れず、基礎教育の発展の要求に基づき、教師教育の規則に従って養成案と教育計画を調整し、課程構成と教育内容を改革し、教育実践の部分を強化しなければならない。こうすることにより、師範生の総合的資質と適応能力を全面的に向上させる」と提示されている。

"免費師範生"の教育政策と"頂崗実習"の制度の実施は、優秀な中高生を教師教育に引きつけ、教師教育の入り口で教員養成の質を確保するだけでなく、師範学生の教育実践能力の育成における模索的行動にもなる。この政策背景の下で、教育部直属の六師範大学が教育実践能力の養成を中心とする教師教育の創新の実験を推進するだけでなく、多くの省の管轄下の師範大学も積極的に教育実践における創新の実験および教師教育の課程と養成図式などの改革・改善への実践的模索に参加するようになった。これで、中国の教師教育は新たな教育実践能力の養成と教師の質的向上に対する多元化模索期に入った。

3. 政策の系統的設計：教師教育標準システムの構築

教師教育の開放化システムの形成には、相応する教師教育標準システムによる教師教育の実施とその質の管理をする必要がある。また、教師の専

門性の推進も、教師教育標準システムに拠らなければならない。さらに、教育の均等な発展と「人民が満足する教育を行う」という思想の徹底も、教師および教師教育の標準に依拠して測らなければならない。

　2011年に公布された『教師教育課程標準（試行）』は、教師教育分野における中国での最初の標準である。『教師教育課程標準（試行）』は、教師教育課程のシステムと構成、課程内容の組み立ておよび教育の具体的実施などに対する規定と要求を出している。その基本的理念と具体的要求は、新しい時代において専門性があり高い資質を持つ教師を養成するために設置すべき課程と推進すべき教育改革を示しているだけでなく、特に教育実践能力の養成を中心とする教師教育改革の方向性を重点的に示している。

　例えば、『教師教育課程標準（試行）』には、教師教育を行うには、また教師教育課程を開発し実施するには、3つの基本理念を重んじる必要があるとある。それは、育人為本（人間の育成が基本。訳者、以下同じ）、実践取向（実践指向）と終身学習（生涯学習）である。「育人為本」は、教師の理念と価値観の養成に対する要求であり、教師教育課程の価値観の指向である。「終身学習」は、教師の生涯的発達という視点から入職前教育と現職教育における教師の専門性向上の一体化を訴えている。また、「実践取向」の基本理念には、まず「教師は反省的実践者である」という養成目標が出され、教師は「自らの経験を研究し、教育活動を改善する過程で専門性の向上を実現する」という考えが打ち出されている。そして、続けて「教師教育課程は実践意識を強化し、現実問題に関心を持ち、教育の改革と発展から来る教師への新しい要求を表さなければならない」「教師教育課程は未来の教師を基礎教育改革への参加とその研究、教育に関する知識の構築と自らの実践能力の向上に導かなければならない。未来の教師を、現実の問題を発見し解決し、教育の図式を創新し、個人の教育のスタイルと実践の智慧を形成するようにしなければならない」と提示されている。この基本理念は、教師教育課程システムを構築し、教師教育課程の資源を開発するための重要な方向付けとなるものであり、教育の実践授業を実施し、教師教育の図式を改革するための重要な参考となるものでもある。

　教師教育課程の目標に関しては、『教師教育課程標準（試行）』は三つの「目

標領域」を打ち出している。それは、教育の信念と責任、教育の知識と能力、教育の実践と体験である。前の二つの「目標領域」は、教師の専門的資質の基本構成に関して出された目標と要求である。しかし、「教育の実践と体験」という「目標領域」は、教師教育の養成過程に関して出された目標と要求である。ここでも、教育の実践能力を養成することへの重視が見られる。「教育の実践と体験」の中で、さらに「教育実践を観察する経歴と体験」「教育実践に参加する経歴と体験」「教育実践を研究する経歴と体験」と分けられている。

「課程の設置」という部分で18週間の教育実践が要求されている。そして、実施提案で、教師教育機関に対して「教育実践の部分の強化、教育実践の課程管理の改善、教育実践課程の時間と質的保障をしなければならない。また、課程改革の大いなる推進、教師教育における養成図式の創新、大学と地方政府および小中学校との協力による師範学生の養成という新しいシステムの模索と構築をしなければならない」と要請している。

表1 『教師教育課程標準（試行）』にある「教育の実践と体験」項目の「目標領域」の要求

3 教育の実践と体験	3.1 教育実践を観察する経歴と体験を有する	3.1.1 中学校の授業観察を行い、中学校授業の規範とプロセスを知り、様々な教育スタイルを感じ取るようにする。 3.1.2 クラス又は他の生徒組織に入り、中学校の学級経営の内容と要求を知り、生徒と直接に接する体験を得る。 3.1.3 中学校現場に入り、中学校の組織構造と経営システムを知る。
	3.2 教育実践に参加する経歴と体験を有する	3.2.1 指導の下で、生徒の特徴に基づき、指導案を作成し実施する。それを通じて教科教育を実感し、初歩的経験を積む。 3.2.2 指導の下で、子どもの学習指導・学級経営・学級活動指導に参加し、家庭・地域との連携活動を経験する。 3.2.3 様々な教育研究活動に参加し、他の教師と直接に対話・交流する機会を得る。
	3.3 教育実践を研究する経歴と体験を有する	3.3.1 日常の学習・実践の中で学び考え、問題意識と一定の問題解決能力を養う。 3.3.2 教育実践を研究する一般的方法を知り、計画を立て、活動を進め、レポートを完成し、結果を分かち合う全ての過程を経験する。 3.3.3 各種の研究活動に参加し、科学的に生徒を研究する経歴と経験を積む。

上述のように、『教師教育課程標準（試行）』は、反省的教師を養成するのを目標とし、師範学生の教育実践能力の養成を重点とする教師教育課程標準である。

　『教師教育課程標準（試行）』に続き、教育部は、2012年に『幼稚園教師の専門性標準（試行）』（『幼児園教師専業標準（試行）』）、『小学校教師の専門性標準（試行）』（『小学教師専業標準（試行）』）、『中学校教師の専門性標準（試行）』（『中学教師専業標準（試行）』）の三つの教師の専門性に関する基準を公布し実施した。これらの三つの教師の専門性に関する基準も、教師の教育実践能力を大いに強調している。第1に、これらの標準に、教師が行うべき四つの基本理念の基として「能力を大切に」という理念が出されている。第2に、「専門的能力」は「基本内容」を構成する三つの次元の中の一つにされていて、それについての具体的で詳細な要求までも出されている。このことにより、この次元は三つの次元の中で「基本要求」の項目が最も多い部分になっている。例えば、『中学校教師の専門性標準（試行）』は、「専門的能力」という次元に「授業を設計する能力」「授業を実施する能力」「学級と教育活動を管理する能力」「交流と協力する能力」「反省と発展する能力」などの六つの項目が設けられている。

　2014年に、教育部は専門家グループに『師範類専門学科の認定標準』（『師範類専業認証標準』）の研究と制定を委託した。国の様々な経済発展と教育の振興の状況に基づき、東部、中部、西部でそれぞれ一つの省を選び、試験的に上記の認定標準を試行している。『師範類専門学科の認定標準』は、大学における教育実践能力の養成に関する条件、基礎および組織方法などについて具体的に規定している。

　教師教育標準システムの公布と実施は、当面の実践指向という教師教育の基本思想を表しているだけでなく、師範学生の教育実践能力の育成に対する具体的目標と要求を出したことにもなっている。教師教育標準システムは教師教育の進展における重要なガイドラインである。

4. 政策の制度化による推進：卓越した教員養成計画の実施

　教師教育標準システムの公布と実施に伴って、国務院と教育部は同時に教員集団の資質向上と教師教育改革についての関連の政策文書も打ち出している。こうすることにより、教師教育標準システムにある師範学生の教育実践能力の育成という考えを、具体的な政策制度に変えている。

　2012 年 9 月に国務院は『教員集団の資質向上に関する国務院の提案』(『国務院関于加強教師隊伍的建議』) を公布した。教員養成の質的向上の項目に、明確に「教員養成のモデル様式の創新、高等教育学校と地方政府および小中学校（幼稚園、中等職業専門学校を含む）の連合による教員養成の新しいシステムの創設、"双師型"教師（教師の資格と専門技術やプロの職人の資格の両資格を持つ教師。訳者。以下同じ。）の育成における各校種の役割の発揮」を記している。連合養成機関の設置は、師範学生の教育実践能力の育成を更に効果的にするためである。この政策文書には、また「教員養成教育を強化し、教員の教育能力の訓練も強化しなければならない。師範学生の教育実践は最低でも一学期以上、着実に行わなければならない」と明記されている。国務院の公文書によって師範学生の教育実践の時間に対する具体的規定を出すのは、中国では初めてのことである。

　2012 年 9 月に、『教員集団の資質向上に関する国務院の提案』の理念を徹底するために、教育部、国家発展改革委員会、財政部は、連合で『教師教育改革の深化に関する意見』(『関于深化教師教育改革的意見』) を下達した。再び「卓越した教員の育成計画の実施、教員養成のモデル様式改革の推進、高等教育学校と地方政府および小中学校（幼稚園、中等職業専門学校を含む）の連合による教員養成の新しいシステムの創設、"双師型"教師の育成における各校種の役割の発揮」「師範学生の教育実践は最低でも一学期以上の着実な実施」を強調している。また、明確に「師範大学と総合大学および科学研究所、各業種と企業、地方政府、外国の教育科学研究機構との深い協力関係により、教師教育の連合創新センターの設置を奨励する」という考えを打ち出している。同時に、教師教育者の教育実践力

の育成能力を高めるために、政策文書は、「兼職教員の資質向上を強化し、教師教育類課程における教員の中で優れた小中学校教員の比率は20%以上にすること」「優れた小中学校教員と大学教員による師範学生の教育実習に対する共同指導のシステムを健全化すること」「教師教育類課程を担当する青壮年教員は、小中学校に入り、少なくとも1年間以上の教育実務を積むこと」を提案している。

上記の二つの政策文書は、師範学生の教育実践能力の育成への重視を表している。また、今後しばらくの間は、教師教育に関する指導的文書と制度化した政策が採られる。この二つの政策文書の精神を徹底するために、2014年8月に打ち出された教育部の『卓越した教員の養成計画に関する意見』（『関于実施卓越教師培養計画的意見』）は、「大学と地方政府および小中学校の"三位一体"の共同による教員養成の新しいシステムの形成」の中に具体的要求と規定を出している。その中には、「実践指向を図る教師教育課程の内容改革」という要望、「実践教育を全教育課程に徹底し、段階別に目標を設定し、実践の効果を確保すること」、「安定した教育実習の基地と経費を保障するシステムの形成、小中学校における師範学生の教育実習は確実に1学期以上に徹底する制度の形成」、「標準化した教育実習の規範を形成し、"実習前─実習中─実習後"の全過程に対する明確な要求を徹底すること」などが明確化されている。

教育部の『卓越した教員の養成計画に関する意見』は、師範学生の教育実践能力の育成に関する制度化の規定を具体的な実施細則にしたものである。これは、教師教育機関の全面的な推進に役立つだけでなく、多くの教師教育機関の積極的なフィードバックを得ている。中国全土で80か所において「卓越した教員の養成計画」を、大学による積極的申請や専門家による評価審査などのプロセスを通して誕生させている。これにより、師範学生の教育実践能力の養成は、制度レベルから具体的な実践模索レベルに一歩前進した。

中国における教育実践能力の養成を中心とする教師教育政策への変革は、社会の転換、教育の変革および教師教育の発展などに対する積極的チャレンジだけでなく、先進国の経験を学習し参考にした。中国の教師集団の

資質向上および教師教育発展の規律を研究するための積極的な選択でもある。この政策を構想し発展させる過程においては、多元的実践の模索や、系統化した標準システムの設計、さらに制度に対する具体的運用もなくてはならない。これらのことを通じて、師範学生の教育実践能力の育成をめぐる中国の教師教育は、さらに深化・改革され、質が向上されるのであろう。

注
1 張楽天(2009)、「我が国の師範教育体制の転換における問題と提案」（原語：『我国師範教育体制　転換中的問題与建議』）、南京師範大学学報（社会科学版）、2009（3）、pp.73-78
2 于興国(2010)、「転換期における中国の教師教育政策の研究」（原語：『転換期中国教師教育政策研究』）、長春：東北師範大学博士論文、pp.52-56
3 黄偉娣(2001)、「教師の職業性と高等師範教育の専門化」（原語：『教師的職業属性与高師教育専業化』）、杭州師範学報（人文社会版）、2001（2）、p.107

第 3 章

中国における教育実習の課題

饒 従満

　　はじめに

　中国の教師教育は 20 世紀 90 年代から重大な転換期に入り始めた。20 世紀 90 年代以降、質を高めることは、中国における教師教育の改革と発展に関わる共通の課題とされているが、2005 年をもって、この 20 数年間の教師教育の発展をだいたい前後二つの段階に分けられる。

　第 1 段階は、中国の社会転換期、特に経済構造が計画経済から市場指向型経済へ転じ、基礎教育課程を改革することを背景としている。この頃、中国の教師教育のポイントは教師教育システムの革新に置かれていた。主に欧米諸国の教師教育システムをモデルにし、教師教育の開放化、高等教育化、入職前と現職の養成一体化などの面で改革を行ってきた。教師教育システムの構造革新は、この時期の教師教育改革と発展のテーマとなった[1]。この段階を「追い駆け型の構造改革期」と呼んでもよかろう。

　第 2 段階は、和諧社会の構築と創新型国家の建設を背景としている。教育の平等を促進し、教育の質を高めるという教育発展の旨は教師教育の発展に大きな影響を与えた。この背景で、中国は以下のような政策をとった。すなわち師範生の授業料免除政策を実施、全日制の修士課程を開設、教師教育標準体系を構築（『教師教育課程標準（試行）』と幼稚園、小学校、中学校、専門学校の『教員専攻標準（試行）』、および『師範類専攻認定標準（試行）』を制定）、教員資格制度を改革（教員資格認定試験を全面的に実施するなど）、師範生の教育実践を強化（例えば、大学と地方政府、小中学校の連携を大いに促進、大学教員と小中学校教員の協力によって師範生に対する教育実践指導の「ダブル指導教員制度」を推進、代行教師として授業

すること、教育支援の実習を参加することなどを提唱）といった施策である。総じていえば、この段階の教師教育の発展は、主に中国社会と教育の発展が直面する厳しい現実に応じ、それなりの改革措置を取ったのである。第一段階の構造改革の上に、各面においてより詳しく、より深く改革を行ったといえる。師範生の教育実践能力の育成に関わる一連の政策措置はこの改革の重要な部分である。

　客観的な面から見れば、近年来、中国の教師教育においての教育実習の地位はますます強化され、教員の養成と質の強化のために、基礎を固めた。しかし、専門教育 (professional education) の基準で評価すると、まだたくさんの課題が残されている。

1. 科学的かつ合理的な教育実習の目標設定
　　——専門教育と終身教育の理念に基づいて——

　有効な教育実習は、まず明確かつ合理的な教育実習目標を定めることから始まる。教育実習は、実習生が教員の指導の下で、教育現状を知り、教育実践を体験し、テクニックを身に付け、教育への理解を形成し、職業への認識を確立する過程である。つまり、教育実習は師範生の教学能力を育成する手段だけではなく、教師という職業に対する認識を確立する重要なルートであり、チャンスでもある。教育実習は実習生が順調に教壇に立てるよう支援するという即効性だけに注目してはいけない。将来、師範生が教職についてからのキャリアデザインを支援するという側面も重視すべきである。

　しかし、中国の高等学校での教育実習を振り返ると、教育実習の目標は明確な規定があったとしても（この目標は教育実習の過程で実現できるかどうかを別にする）、一部の大学の教育実習の目標設定においては、主に教育実習を師範生の教学能力育成の手段とし、学生が卒業後にすぐ教職に就くように重点を置いている。教師という職業への認識、専門分野への展望、倫理観と精神など教師の専門発展にとって根本的な課題に十分な配慮

をしていない。当然、教学能力と短期効果だけに注目する教育実習は、将来、師範生が教師としての持続的な成長に対して、必要なものが欠如している。

　教育実習の目標設定は、二つの基本理念に従うべきだと考えられている。
　第1に、専門教育の理念である。教師教育は専門職 (professional) の養成を目的とする専門教育であり、実際に現場で活用できる能力を育成する教育 (education for practice) である。基礎教育実践に取り組み、それをリードする教育である。その理念を達成するために、教育実践能力を育てることを重要視しなければならない。教師教育は教員の基本的な教育実践能力を育てなければならない。そのためには、学生が二つの面で準備をする必要がある。まずは、技術の面の準備である。教学に関する基本知識とスキルをマスターすること。次に心理的、精神的な準備が求められる。教師という職業は複雑で、専門性をもつ職業であることを十分に理解してもらう必要がある。二つの面について、前者の重要性は言うまでもなかろう。「教育現状にかかわる課題を解決する」は教育実践能力の主な特徴である。現実の中で直面する教育課題は非常に複雑であるのに対して、教育理論は単純的で、概括的で、簡略化されたものである。だからこそ、学生に教師という職業は複雑で、専門性をもつ職業であることを十分に理解してもらうことが強調されている。教育課題と教育理論の間には、一対一の対応関係が簡単に成立できない。学んだ知識をそのまま運用することもできない。言い換えれば、この仕事は知識、スキルと関わっているだけでなく、実際の授業で何を教えてあげるか、いつ教えるか、どのように教えるかなどの個人の判断とも関わっている。もし、教師として、それなりの心理的、精神的な準備が足りなければ、現実に適応できない状況に陥る。それは、「リアリティー・ショック」あるいは「プラクティス・ショック」と呼ばれる。師範生に教職は複雑で、専門性を持つ職業ということを正しく認識してもらえば、彼らは必要な事前準備をきちんとしておくことができ、それも彼らが省察型教師になる必要な意識である。その信念の影響で、師範生は、教職が常に改善していく職業であり、完全に「把握」できたということがなく、「持続的な検討」が常に必要だという認識もできるかもしれない。

第2に、終身教育の理念である。教師の成長は一生をかける過程であり、教師教育は終身的であるべきである。教師教育が終身教育とされるのは、教師教育期間を延長して後へ中心を移すのを意味と並び、入職前の教員養成の上に、さらに入職前教育と現職教員の継続教育を加えて重視することも意味している。教師教育は、入職前、入職、現職各段階の教育の分離状態を破り、各段階の教育が特色を持ちながら、お互いに関わり合い、補い、影響しあって機能を発揮していくという構造にならなければならない。したがって、各段階の責任分担と位置づけは極めて重要である。何故かというと、各教育段階の位置づけは連携の前提であり、明確な責任分担と位置づけがなければ、有効的な連携とは言えないからである。終身教育の理念では、教員養成段階（入職前の養成段階）は教師として成長していく土台を作る段階である。この土台は上述の基本的な教育実践能力を含んでいる。教師として必要な多くの素養は仕事してからこそ修得できるものであるため、持続可能な発展を実現する能力も土台に含まれており、極めて重要なのである。教師の持続可能な発展にとって、省察意識と能力の養成は鍵となる。それを備えているからこそ、自分に加えて同僚の仕事に対して常に反省を行い、更に、反省のために、積極的にたくさんのルートから情報収集し、その情報を有効に利用できる。客観的にいえば、反省型教師は自然と終身学習者と研究者になるわけである。つまり、反省という意識と能力は持続的可能な発展を実現する能力である。教育実習は教師教育の重要な一環として、基本的な教育実践能力の育成を大切にするとともに、師範生の反省意識と能力の養成も大切にしなければならない。

2. 立体的な思考回路による教育実習体系の構築

　教師教育は専門教育として、鮮明な実践性を持つ。だからこそ、従来の教師教育は「理論化」傾向が強いという現実に対して、近年の多くの改革では、教師教育において教育実習の地位を高めることをポイントとし、教育実習の時間を増やすことを前提としている。しかし、指摘すべきなのは、

教師教育の期間が一定とされている前提で、実習時間を増やすことによって実習の地位を高めようとしても限界があるということである。

　時間の長さの問題以外に、実習の内容とタイミングも重要で、最も大切なのは、理論と実践の結合が可能な実習を行うことである。したがって、長さ、幅広さ、深さ三つの面から立体的な思考回路で教育実習を検討する必要がある。

　第 1 に教育実習期間の長さについてである。師範生の教育実践能力の育成には時間的な保障が必要である。2011 年から、中国教育部は、師範生が一学期以上の小中学校での教育実習期間制度を推進している。しかし、現状から見れば、経費の制限と、小中学校側が実習生の長期間実習を受け入れないなどの原因で、一学期の教育実践制度を実行できる大学は少ない。一学期の教育実習を実行したとしても、学生はこの一学期で能力を鍛える機会が限られている。一部の大学は学生を辺鄙な農村の小中学校に送り、教育支援の形で代行教師として授業するという方式を取っている。学生にとって、チャンスが多くなった一方、有効的な、高品質の実習指導がもらえないため、教育実習の質も保障しにくい。教育実習の期間はどのぐらい設ければよかろう。今までの研究[2]から見ると、定説はないが、長ければ長いほど良いというわけではない[3]ことは確かなことである。師範生の教育実践能力育成において、教育実習は必要な条件だが、充分な条件ではない。今後、研究を進め、教育実習期間の長さについて更なる検討をすべきである。

　第 2 に教育実習の幅広さである。教育実習の質は期間の長さと関わっているだけでなく、どのような環境でどのような内容の実習を展開するかにも関わっている。教師という仕事は境遇に依存する複雑性を持つ故、教育実習も十分な幅広さを持つべきである。「幅広さ」について、二つの意味がある。(1) 教育実習の内容は教学の実習以外、教師の職業道徳体験、クラスの管理実践、教育研究実践なども含まれるべきである。(2) 教育実習の環境は十分な多様性を持つべきである。つまり、師範生はなるべく環境が異なる学校とクラスで教育実習を行い、小中学校教育の複雑性と多様性を理解し、それに応じて心の準備をしておく。この二つの意味から見れば、

中国において、大多数の大学の教育実習の現状は、またたくさんの問題点が残されている。まず、教育実習の内容から見ていこう。教学実習は非常に注目されていることは言うまでもなかろう。一方、教師の職業道徳体験、クラスの管理実践や教育研究実践などに対する関心は足りない。次は、教育実習環境の多様性について、大学側はそれに十分な配慮をしていないか、あるいは配慮しているが、実行しにくいため、放棄したというのが現状である。師範生は一般的に一つの学校で教育実習を行うため、中国の基礎教育の複雑性を知る機会が少ない。その点については、東京学芸大学の基礎実習（大学の附属学校で行う）＋応用実習（実習生の母校等で行う）というやり方が参考できる。

　第3に、教育実習の深さについてである。教育実習の深さは、理論と実践の結合と関わっているため、実習のタイミングも重要である。理論と実践の結合は、教員育成を専門教育とする核心である[4]。多くの人が理論と実践の結合の重要性を知り、その結合には「理論と実践の繰り返し」（例えば、見習――実習――研究のようなステップ）が必要だと認識するようになった。喜ばしいことだと感じている一方、大多数の状況では「理論＋実践＋理論……」のような足し算思考に止まったまま、理論と実践の結合効果が発揮できない。

　どうすれば理論と実践の結合効果が発揮できるのであろうか。1983年のフィンランド教育部のレポート[5]は参考価値がある。教員育成方案設計の一体性を重要視し、方案設計は実際の課程設計を上回って、高度な指導力をもつ設計であるべきだと指摘した。教師教育に関わっているすべてのメンバーは、教師教育の最終目標と方案設計の理論的な背景を理解し、養成方案を一つにして考えなければならない。

　このような認識の下で、理論と実践の結合の一般的な原則は以下のようにまとめられる。

(1) 結合の過程は具体的な面から始まり、全体に広まっていく。学生に全体構造および各分野の機能を理解してもらう。

(2) 養成方案の課程において、理論的学習と実践的学習の関係を詳しく説明する。各実践学習段階は異なる目標と性質を持つ。理論科目の

担当教師と実践指導の担当教師の協力が望ましい。
(3) 実践を早めに展開する。理論と研究の成果は教学の問題点に対する理解に役立つ。
(4) 理論的学習と実践的学習の相互影響は持続的であるべきである。現状によって、実践はいくつかの部分に分けられる。教師になるということは長時間にわたって成長していくということであり、急げば回れの精神が肝要である。
(5) 大学の附属学校と一般の小中学校での教育実践はバランスよく交替して行うべきである。例えば、理論の学習と教育実習の調整、整理は一般の小中学校ではなく、なるべく大学の附属学校で行う。実践の性質と目標は、理論的学習と大学の附属学校または一般の小中学校での実践をどう組み立てていくかによって決定づけられる。

以上の原則はさらに大きく二つにまとめられる。すなわち「教育実践の体系化を基盤にして教師教育の全体を貫いていく」こと、および「理論と実践を繰り返し、お互いに影響し合い、共に発展していくために、教育実践は教師教育のほかの要素と合わせて一つになるべきであること」である。大学は適切な計画を立て、教員養成に教育実践を取り入れるべきであり、また、系統的な教育実践課程の設計、段階別の教育実践の目標と内容、および教育実践課程と他の課程との統合、実際の体験セミナーや討論会なども用意すべきである。このような取り組みを通じて、理論と実践の結合を促す。

3. 「ダブル指導教員制度」を徹底させ、教育実習に対する指導の質を高める

教育実習は師範生が指導教員の下で計画的に展開する教育実践である。その質は実習指導の質に大きく影響されている。大学側の指導教員と小中学校側の指導教員の協同指導は、教育実習の品質を保つ重要な手段だ

とされている。ウィルソン (Wilson, S.M.)、フィロダン (Floden, R.E.) とフィリニ・マンディ (Ferrini-Mundy, J.) などの研究[6]で、教育実習において、実習生と指導教員の協力は実習生に実質的な影響を与えていると示す。2007年から、東北師範大学はU-G-Sモデルに基づく教育実習の研究を始めた。主なやり方は、大学側の指導教員を実習学校に駐在させ、小中学校側の教師と協同して実習生に全方位の指導を与える。この「ダブル指導教員制度」はかなり効果的である。その価値に鑑み、近年来、中国教育部は、各大学でダブル指導教員の教育実習指導制度を大いに推進している。しかし、現状を見ると、たくさんの問題点が発見された。

　第1、大学側の指導教員の面において、以下の問題がある。(1) 適任の指導教員の大幅な不足がある。責任感が強く、経験豊かで、小中学校の教育実践に詳しい教員こそ教育実習の指導教員に適任である。最適なのは学科授業法の教師である。しかし、90年代半ばから、師範大学の統合に伴い、学科授業法の教師の人数が需要に及ばないほど減ってしまった。代わりに、各大学の学科専門教師が実習の指導教員になっている。そうした状況で、大学側は実習の指導教員の素質を配慮する余裕がない。指導教員の選抜基準を設け、厳しく適用することもできない。一部の大学は実習開始前に決起大会を開き、何らかの形で実習のトレーニングを展開する。しかし大多数の学科専門教師は基礎教育実践はともかく、教育実習指導の目標、内容、方法および教師教育における教育実習の位置づけと効果さえはっきりと理解していない。(2) 教育実習指導を担当する教員のモチベーションの不足。大学で学生に対する評価基準は学科の研究成果に偏るため、学科授業法の教師も含めて大学の教員は教育実習指導、特に、実習対象学校に駐在して教育実習を指導することに対して、モチベーションが低く、あまり力を入れていない。これらのことが原因で、大学教員の実習指導の質にも影響がでている。

　第2、小中学校側の指導教員の面においても、いくつかの問題点があり、大きく分ければ、以下の二点にまとめることができる。(1) 慎重な指導教員選別標準がない。教育実習指導の担当者は小中学校の教員であれば、誰でも良いというわけではない。担当者はやはり経験豊かで、教学水準が高

く、責任感が強く、指導能力が高い教員であるべきである。指導教員の選別は非常に重要である。しかし、小中学校側の実習生に対する受容度が低く、小中学校の教員も教育実習への参加意欲が低い状況で、小中学校で適任な指導教員を選別するという大学側の希望は通りにくい。慎重な指導教員選別標準の制定と実行も期待できないであろう。(2) 小中学校教員向けの実習指導教員研修が欠けている。大多数の小中学校教員が実習指導に力を尽くしたとしても、大学側の教員養成システムの全体像を把握していないため、教育実習の目標、内容、方法などをはっきりとは理解していない。その故に、実習指導の質も大幅に制限されている。世界各国、特に先進国の教育実習指導実践を見れば、大多数の国は小中学校の教育実習指導教員向けの研修がある。中国において、小中学校側の実習生の受け入れに対し、大学側も小中学校教員向けの研修（例えば、「交替研修」）を設けている。しかし、ほとんどの研修は教員自身の専攻の発展に着目し、教育実習指導能力の面に配慮していない。小中学校教員は教育実習指導能力を、実践の中で、自力で探って身に付けるしかない。

　第3に、大学側の指導教員と小中学校側の指導教員の協力を強化すべきである。教育実習の顕著な効果は理論と実践の結合を促進することである。その過程で、理論を代表する大学側の指導教員と実践を代表する小中学校側の指導教員の間の関係づくりと維持は、教育実習の質の重要な保障となる。しかし、実際の指導の中で、二種の事態がよく出てくる。一つは、大学側と小中学校側が十分なコミュニケーションを取っていないため、実習生への指導意見が著しく矛盾しており、実習生は誰の話を聞けば良いか分からなくなるという問題である。もう一つは、このような対立を避けるために、大学側が指導責任を放棄し、実習指導をすべて小中学校側に託してしまうという問題である。または、指導意見が一致しないときに、学生に小中学校側の意見を聞かせてしまうこともある。どちらにせよ、教育実習の品質向上に不利である。実習生、大学側の指導教員、小中学校側の指導教員三者の間に、良好な協力関係を作るために、より多くの関心と検討が必要である。

4. 研究を進め、教育実習の評価体系を整備する

　教育実習の評価は、実習効果と実習生の実践能力をチェックする重要な基準であり、教育実習活動に動向指導、激励、発展、調整と監督効果を持っている。現状から見れば、いくつかの問題点、ましてや難問が残されている。これには以下のような二つの面がある。

　第1、評価の目的に偏りがあること。今までの大学の教育実習評価は、実習生の最終実習成績の判定とレベル付けに着目し、実習過程での行動と素質能力向上に対する評価を無視してきた。最終評価と相対評価の機能を強調するわりに、過程への評価と絶対評価の機能を軽視したということである。我々の教育実習評価は実習過程においてのあるべき機能を発揮できなくなったことを意味している。

　第2、評価体系の不健全さ。現状から見れば、大多数の大学の教育実習評価体系が不健全であり、実習生に客観的かつ全面的な評価を与えていない。(1) 評価の主体において、大学側は主体の多様性を強調しているが、指導教員の評価がメインとされており、実習生の自己評価と相互評価があまり注目されていない。その故に、評価体系は実習生の自発的な行動への誘導効果を十分に発揮していない。(2) 評価の内容において、大多数の大学は教学実習、クラス管理実習と研究実習を主な評価内容とする。しかし、主にこのような有形的で、外在的な行動表現による評価に偏っており、実習生の職業道徳、専門性への認定など無形的で、内在的な素養への関心が足りない。(3) 評価の基準において、客観性と操作可能性の不足で、評価を下す人は評価の度合いを把握しにくく、結果は主観性と任意性を帯びている。それは教育実習評価の信頼度と効力に深刻な影響を与えている。

　教育実習の評価は難しい課題であり、より深く検討して解決する必要がある。今後、教育実習評価体系に関する研究を強化し、指導教員の評価をメインにし、他者評価、自己評価にも着目し、評価主体が多様で、健全な評価制度を構築すべきである。また、師範生の成長追跡データベースを作って、全方位で、系統的に師範生の教育実習を評価する必要もある。

5. 協同関係を重視し、効果の持続力が長い教育実習保障体制を構築する

　教育実習を有効に実施するために、大学側は健全な教育実習業務管理システムと制度保障システムを作り、教育実習経費の持続保障体制、健全な激励体制を築き、教員たちを指導、激励して基礎教育前線に参入させ、彼らに基礎教育を理解させ、積極的に教育実習指導の展開に参加させる。容易なことではないが、大多数の大学は努力すれば、解決できることである。現在、大学側にとって最も難しいのは、教育実習基地の設立である。長期的に安定した実習基地の数が十分であるかどうか、基地は実習生に適切な職務、十分なチャンス、良質の実習指導と安全健康な実習環境を提供できるかどうかなどのことが課題となる。大学側が数多くの小中学校と教育実習基地協議を結んだとしても、表面上のことに過ぎない。実習生が受け入れられたとしても、能力を鍛えるチャンスと良質の指導を受けられなければ十分な基地を確保したとは言えない。この状況を打破するために、大学側、小中学校側と地方政府側の有効な協力が必要である。2007年から、東北師範大学が展開しているU-G-Sモデルの研究の一つの重要な目的は、このような教育実習難の問題を解決することである。U-G-Sモデルの経験は、大学側と地方政府側、小中学校側のwin-win関係を作ることに役立った。教育部がU-G-Sモデルの経験を大いに普及させる政策背景のもとで、近年来、各大学も積極的に自身の状況にふさわしい協力方式を検討している。しかし、U-G-Sの三者の協力を枠に嵌らずに効果の持続力が長い体制にするためには、以下の二つの問題点を真剣にかつ有効に取り組む必要がある。

　第1、組織面の連携のコスト―利益の問題。連携は双方の人的、物質的、時間的などの投資が必要になるが、それらの資源は欠乏している。したがって、連携コスト―利益もU-G-Sモデルの持続に影響する重要な要素である。大学側から見れば、教員育成、教育研究、基礎教育への支援（教員研修）の三者の間に有効的な統合、相互促進が実現できるかどうか、U-G-Sモ

デルの持続的発展の鍵となる。現状では、教員育成と教員研修、教育研究と教員育成の間の関係は、有効的な統合と相互促進の実現にはまだ距離がある。小中学校側から見れば、実習指導（教員育成）と小中学校教員の専攻の発展、学校の改善をどう統合していくかも、より深く検討すべき課題である。

　第2、個々の連携意欲と能力の問題。U-G-Sモデルの実施は、双方の組織面での意欲だけでは決められない。組織内部の関係個体、特に大学と小中学校の教員によって実行されるからである。もし、教員の参加意欲と能力が足りなければ、組織面での連携意欲がどれほど高くても、連携の有効性と持続可能性が期待しにくい。現状では、大学側の教員と小中学校側の教員も、参加意欲と能力をより強める必要がある。多くの大学教員にとって、連携は学校からの要請で、しなければならないことである。小中学校の教員は数多くの人が教育局や学校の行政配属によって連携に参加したが、応じて自発的に連携に参与したわけではない。この課題を解決しなければ、U-G-Sモデルの持続力に大きく影響するのであろう。

注
1　饒従満 (2007)、「中国における教師教育の改革動向と課題」『教員養成カリキュラム開発研究センター研究年報』pp.39-50
2　Hoban, G. F. (2005), *The Missing Links in Teacher Education Design: Developing a Multi-linked Conceptual Framework*. Springer, p.6.
3　張貴新、饒従満 (2002)、『関于教師教育一体化的認識与思考』、『課程・教材・教法』2002年第4期、pp.58-62
4　佐藤学 (2015)、『専門家として教師を育てる』岩波書店、p.74
5　Hytönen, J.(1996), "The Development of Modern Finnish Teacher Education", In Tella, S. *Teacher Education in Finland-Present and Future Trends and Challenges*. University of Helsinki, Helsinki, pp.1-10.
6　Wilson, S. M., Floden, R. E., & Ferrini-Mundy, J.(2001), Teacherpreparation research: Current knowledge, gaps and recommendations. A research report prepared for the US Department of Education by the Center for the Study of Teaching and Policy in collaboration with Michigan State University.

中国の大学における教育実習モデルの探索

鄧 濤・呉 宗勁

はじめに

　教育実習は教員養成課程体系における重要なモジュールであり、教員養成において理論と実践を結びつける重要な担い手であるとともに、師範生の実践能力や教員の職業道徳などの資質を育成する重要な部分である。しかし、長い間、様々な原因で中国の教育実習は十分に重視されておらず、空洞化、弱体化、質の低下などの問題を抱えている。

　近年、資質が高く専門性を備えた教員陣を整備する戦略を実施すべく、中国教育部は 2011 年 12 月に公布した『教師教育課程標準（試行）』を深く推進するとともに、教育実習を革新し、師範生の実践能力を高めようとしており、教育実習の課題はますます教育界と教師教育実践界に注目されている。しかしながら、中国の大学における教育実習にかかわる改革課題は多い。紙幅の制限ゆえ、本章では主に近年の、中国の大学における教育実習モデルの革新に関わるいくつかの典型的なモデルを整理して分析し、中国における教育実習改革に関する実践の様態とそれに関わる経験を検討していきたい。

1. 教育実習モデル改革の背景と動因

1.1 新しい知識観による教育実習への要求

　1970 年代以来、現象学、解釈学およびポストモダン思潮が盛んになるにつれて、人類の知識観に徹底的なパラダイムの転換が発生した。知識は

頭に詰め込むものではなく、自分自身で環境の中に主体的に構築するものとなった。このような新しい知識哲学は、知識の形成や獲得の過程における主体の行動、参与と反省を主張するとともに、知識の形成およびそれによって得られた私有性、参与性、具体性と環境性を強調する。それと同時に、現代認知心理学の研究[1]によると、どんな領域の知識構造も"what"という宣言的知識の答えと"how"という手続き知識の答えから構成される。手続き知識は環境を理解する技能と、創造性環境を認知するストラテジーとに分けられる。手続き知識は、知識の主体や環境にかかわるので、学習者それぞれの実践を通じて獲得される。このような新しい知識観は教師教育改革の方向性に啓発を与えている。すなわち、教師教育は教員の専門的知識の獲得過程に着目するだけではなく、その過程における環境および知識生成者としての参与と省察を強調すべきとされる。教師教育の養成制度においては、大学と小中学校の提携を重視すべきであるとされる。教師教育に対する重要な一環としての教育実習では、理論的知識と実践的なトレーニングを有機的に統合するタイミングが必要とされている。

1.2 伝統的な教育実習モデルの欠陥

長期間にわたって、中国の教育実習は改革開放以前の「理論―応用型教育実習モデル」を使用しており、それは「学生の専門にかかわる思想を培い、理論を実践に応用し、学生の教学研究能力を養う」[2]を旨とする。このような教育実習モデルをアメリカの学者ラッセル (Russell) は「理論を実践に応用する」(theory into practice)[3] と言い、これは簡単に言えば、「理論を勉強してから実践に入る」という教員養成モデルである。このような「先に理論を勉強する」教員養成モデルはある程度のメリット（例えば、簡単にできるなど）があるけれども、短所とそれによって引き起こされるネガティブな影響もはっきりしている。それは (1) 理論と実践の二元対立が生じることである。先に理論を勉強してから実践に入るこのようなモデルは実際に、理論と実践を簡単につなぎ合わせ、理論と実践の内在的なロジックを無視している。教育実践が「1回だけの実践トレーニング」と見なされ、

大学は1回だけの教育実習を通して、学生が身に着けた理論を教育教学にうまく応用できるようにし、それによってさらなる実践能力を養い、資格に合う教員になれることを望むだけになっている。そして(2)実習の時間が短くて集中しているために、実習が形式張ったものになるということがある。一般的に言えば、伝統的な教育実習はほぼ6～8週間ぐらいであり、それより少ない場合もある。それは教学計画（カリキュラム）の合計時間の5%程度である。その結果、学生にとって教員の仕事を体験して理解する時間が足りないので、実習は形式的になってしまった[4]。さらに(3)効果的な指導と管理が不足している。師範生の実習指導教員はほとんど大学の学科教学論の教員が担当している。しかし、大学教員は小中学校での授業経験が足りない、基礎教育改革の現状を十分に了解していないので、師範生に効果的な教育実習指導を行うことができない。実習を管理する上で、教育実習にかかわる教育政策と法規は、地方政府と小中学校の責任の範囲が明確に規定されていないので、大学と小中学校、地方政府の連携がよく進められない。さらに(4)安定的な実習の場が足りない、実習の質が充分に確保できないという問題もある。中国において、教育実習は大学の責任とみなされている。小中学校は教学の質保障、教学の基本秩序を維持するため、教育実習生を受け入れたくない。一部の大学の教育実習は「ゲリラ戦」のような形で、実習の場を頻繁に変える。教育実習の系統性と質が保障できない。

2. 中国の大学における教育実習モデルの改革動向
　　──典型的なモデルの分析に基づいて──

　近年、中国の大学における教育実習改革は加速され、新たな実習モデルもどんどん出てきている。以下の四種類の実習モデルが典型性と代表性を有するものである[5]。

2.1 "見習――実習――研究学習"三つの段階の教育実習モデル

"見習――実習――研究学習"三つの段階の教育実習モデルは教育実習の段階性と継続性を強調する。このモデルは教育実習の全体を三つの段階に分ける。どの段階でも実習目標、内容、要求および時間などが明確に規定されている（[表1]）。また、どの段階でも孤立しているのではなく、お互いにつながっているものである。上海師範大学[6]は中国において初めて教育実習改革を行う代表として、1999年から、"見習――実習――研究学習"三つの段階実習モデルを探索している。

第1に、このモデルは実習時間の設定の上で、分散性と集中性を合わせて行う。過去、全ての実習時間は卒業する前に集中していたが、現在、このような伝統的なやり方が打破され、大学の二年から四年に分散された。二年生と三年生は見習を主として実習時間が短い。一方、大学四年の実習と研究学習は指導教員の指導のもとで、実際の授業と日常のクラス管理に参与することが目的であるため、この段階の実習時間が長い。

第2に、実習の段階設計の上で、このモデルは入職前の教育課程モジュールの整合性と系統性に重視する。教育理論の学習に教育実習の内容を織り交ぜて、理論と実践の相互交換、有機的融合の目標達成を目的とする。

第3に、実習内容の計画の上で、易しいから難しいへ、浅くから深くなど段階を踏むことを重視している。このモデルを通して実習生はどんどん教員の役割および仕事環境を熟知して、最終的には教員として適任となるようになる。このモデルの実習内容は教学実習、担任教員としての実習、教育科学研究の実習などがあり、実習の現実性、実行性および発展性の特徴を体現することができる。

近年、内江師範学院と華南師範大学も"見習――実習――研究学習"モデルを実行している。内江師範学院は「三つの段階四つのモジュール」の教育実習モデルを構築した。教育実習は感知、体験と参与、実習の三つの段階に分けられ、中には教育調査、教育見習、教室での授業トレーニング、研究学習の四つのモジュール[7]を含む。また、華南師範大学は「分段式、序列性の四年一体」の実践モデル[8]を作った。ここでは、教育実践は大学

表1　上海師範大学本科師範生教育実習の具体

	見習	実習	研究学習
目標	教員の仕事を理解する	教員の仕事を学ぶ	良い教員になる
内容	小中学校、幼稚園のベテラン教員あるいは区の教育研究員を招待して講座を開催する。学生に小中学校、幼稚園での授業、担任教員の仕事、教育改革の動向などを理解させる。優秀な教員、実習生の教学ビデオを観覧する。小中学校の教材を理解させる。	教学の実習（多種多様な教室での授業と課外活動など）。担任教員としての実習（担任教員の日常の事務、クラス会、家庭訪問など）。教育科学研究の実習（教育調査、教育科学研究論文を書く）。	シンポジウムに参加する；教学の経験を交流する、同じ学級の優秀な実習生の教学ビデオを評価する；教育科学研究の論文を討論する；教育専門家のシリーズ講座に対して、教学の研究学習を行う。
要求	見習した後見習レポートを書く	教育現場で一定的な授業時間を確保する。小中学校に、できれば、課外活動を行う。実習が終わった後実習レポートを書く	学生を集めて教育実習のビデオを評価する。典型的な教学事例を選んでシンポジウムを行う。教育研究のレポートを出す。
時間	大学2・3年次、毎学期は1週、2年次後期は4週。	大学4年次前期、8週	大学4年次後期、2週

出典：上海師範大学「上海師範大学教育実習全体状況の報告」［C］教師教育研究討論会の報告。

　四年を貫く形での多段階の設計原則が強調されている。大学一年の時は、感得を重視し、学生が調査研究を通して、教員という身分の専門性を認める。大学二年の時は、会得を強調し、授業現場での観察により、教師としての自己同一性を確立する。大学三年生の時は、模擬授業を通じて、教学技能を身につける。大学四年の時は、能力を引き上げることを強調する。こうした実践教学の過程で、師範生の道徳素質と専門的なスキルの向上を果たすことを目的とする。

2.2 「頂崗実習」モデル

「頂崗実習」モデルとは、師範大学が師範生を選抜し、その師範生を実習校としての農村の小中学校に派遣し、現地の一部の小中学校の教員の代替を行うものである。一方、現地の一部の小中学校の教員は大学に研修やトレーニングを受ける。このモデルは大学の社会サービス機能の実現を重視している。農村部の小中学校の基礎教育にサービスを提供することによって、大学の師範生に教育実習の機会を与え、師範生の実習校と適切な実践チャンスを確保することができる。

「頂崗実習」モデルの設計意図は同じ目標のもとで、二組の関係を解決する。「同じ目標」とは、実習生と農村部における現職教員の教学実践能力および専門発展能力を同時に向上させることであり、「二組の関係」とは、大学と小中学校の関係、実習生と現職教員の関係を指す。大学と小中学校の関係において、大学は農村部の教員にトレーニング場所と知力の支援を提供し、小中学校は実習生に実践トレーニングのチャンスおよびふさわしい指導を与える。実習生と現職教員の関係から言えば、「頂崗実習」は両者の身分の交換を実現した。農村部の学校において、準教員は実際に、本当の教員の役割を果たしている。従って、実習生の実習環境と内容は現実に近いものである。また、職場から離れる小中学校の教員は大学でトレーニングを受け、教育の教学能力と総合的な資質を高めるチャンスも得られる。従って、「頂崗支教」の実習モデルのもとで、大学と小中学校の関係は互恵関係、「1本の糸で2匹のバッタが繋がれている」（お互いに離れられない関係）である。

一方、「頂崗実習」を簡単に大学教員と学生の教育教学実習に定義できるとは思わないとの主張をする学者も一部にいる。つまり、単純に教職員定数不足の状況で、実習生は正教員の代わりの教育教学を務めるとは言えないというものである。

元来、「頂崗実習」最高の目標は大学と小中学校が互利互恵、和諧共生、共同発展、提携研究の共同体を構築することにある。ある大学[9]のフィードバックによれば、「頂崗支教」が大学に安定的な実習校を提供し、学生

に現実的な体験場所を与え、教育実習の質と効果を保障している。例えば、天津職業技術師範大学は「このモデルは実習生の教育教学能力の向上を図り、学生から教員に変わることを実現した」と捉えている。

実習校は、おおよそ実習生の出身学科に合う教学の機会や、担任教員としての実習や、行政（事務仕事）の実習を提供することができる。また、時限の手配の上で、大学の実習計画の要求を満たすことができる。

そのほか、「頂崗実習」は大学の社会サービス機能の体現、「知識下郷」の有効な担い手であるとも捉えられる。西南大学の規定では、実習生は現地の学校で教育教学改革と学校管理に参与すべきであるとされ、それと同時に、各実習グループは必ず現地において、科学技術の文化推進活動を開催することとなっている。天津職業技術師範大学は「辺鄙地域の職業教育学校の教員と学生がトレーニング、コミュニケーション、調査研究を通じて、現在の職業教育の状況と改革を理解することができる。それもある程度に、この地域全体の職業教育の意識と革新力を高めることができる」としている。

小中学校から見れば、「頂崗実習」は小中学校の基礎教育課程の改革を深化させ、現地の SBCD(School Based Curriculum Development) を推進した。（教員を）置き換えるトレーニング（置換培訓）あるいは通信教育などの方式によって農村教員の継続教育を開催し、在職教員の専門質を高め、現地の教育教学の理念を更新することができる。それは西南大学の「頂崗実習」の規定からも見られる。西南大学は研修に参加する教員のため、入念に研修内容を設計しており、その中には教育理論、課程改革や具体の学科授業方法および技術などが含まれる。農村部における小中学校の教員は、教育教学の理念、知識、能力などを更新し続けることができ、それと同時に実習地の教学の質を向上させることも期待される。

では、この「頂崗実習」モデルは不足しているところは何か。以下のように主に、二つの面が見られる。

第1に、法律の面から見れば、「頂崗実習」の合法性はまだ議論がある。『中華人民共和国教員法』第十四条に、「国家は教員資格制度を実行する」とある。すなわち、医者と同じく、教員も必ず免許を取って教職に従事す

ることができるようになる。小中学校で教職に就くなら、相応またそれより高い資格免許を取るべきである。厳密に言えば、実習生たちは農村部の在職教員に代わる教学と管理の仕事を従事する資格を持っていない。しかしながら、2007年に公布された『教育部大力推進師範生実習支教の意見について』により、「頂崗実習」は「教師教育の改革を推進し、師範生の実践教学を強化し、教員養成の質を向上する効果的な措置」[10]と見なされる。ここから見れば、「頂崗実習」を一般化しようとすると、法律部門と教育行政管理部門のあと一歩の努力に頼る必要がある。

第2に、実習生の教育実習の質と教学効果が把握し難い。実習生は母校から離れ、農村の末端組織に深く入り込んで実習を行い、その実習目標が着実に実行されたかどうか、実習効果が確保できるかどうかは、大学と農村学校、お互いの提携に頼らざるを得ない。しかし、実習生本人が教育実習に参加する直接的な目的は、実践によって教育能力と専門水準を高め、資格にあう教員になることである。したがって、実習生の教室での教学（授業）とクラス管理能力は未熟な状態である。農村学校の授業を実習教学の経験がまだ足りない実習生に任せていては、授業の効果が保障できない。

頂崗支教実習は、国の異なる政策の間の対立を表している。国家の本意は「頂崗実習」を通して大学の教育実習の実習校選択問題を解決することにある。それと同時に、大学の社会サービス機能も十分に発揮できる。また農村基礎教育の改革を促進して教育資源のバランス配分を実現する。しかし、現実には、実践教学環境が低下している中で、教育実習が教員養成の一環として、その質を保障することが難しい。

2.3 「3-3-2-2」の実習モデル

「3-3-2-2」の教育実習モデルとは、陝西師範大学が卓越した教員養成の目標に基づいて設計した新たな教育実習モデルである。それは「実習前＋実習中＋実習後」三つの段階の教学実習、「大学＋地方政府＋小中学校」三位一体の実践教学主体、「小中学校ベテラン教員＋大学専門教員」の協同による実践教学指導、「国内実習＋国外実習」の協調発展、四つの方面

が含まれる [11]。

(1)「実習前＋実習中＋実習後」三つの段階の教学内容

　実習前、多様なルートを通して師範生の教育実習に知識とテクニックを蓄えさせる。陝西師範大学は課程設置と教材開発の過程で、理論と実際をつなげることを重視する。教員養成課程のモジュールは学生の教学実践の能力向上を目的とする。教員のロールプレイングや模擬授業および教育見習を通じて学生が教員の役割を体験し、仕事の内容を理解し、知識の運用と教学実践能力を育成する。実習中には、統括的な計画を立て、全方位的な指導を行う。「混合編隊＋集中実習」の方式は、実習校の教育実習を管理するのに便利であり、一方各学生の実習の質を保障することを可能とする。実習の内容は教学実習、担任教員としての実習および教学と科学研究の実習を含み、全方位的に実習生の教学実践能力を高める。実習が終わった後、省察とまとめをする。ベテラン教員の講座、実習のまとめの会、教学実践能力の認証など多次元的な活動の開催によって、師範生は省察しながら教学実践能力向上の実現を促進することができる。このような段階分けの教育実践能力の育成制度は、「実践を通じて、人材を育成すると理論教学を並行する原則に従い、理論から現場教学実践へ、また現場教学実践から理論へ昇華する螺旋上昇の発展規律に従」[12] い実習生の理論知識と実践能力を徹底的に融合することを大きく促進させている。

(2)「大学＋地方政府＋小中学校」の三位一体の実践教学の主体

　陝西師範大学は大学、地方政府、小中学校、の三者が協同的に参与する形での卓越した教員の実践能力発展共同体を構築した。師範大学、地方政府、小中学校は共同体のメンバーとして平等に参加し、提携交流し、協同的に師範生の教育実践能力の向上と在職教員の専門発展を促進させ、教育理論の研究と革新を推進する。小中学校は師範大学に安定的な実践場を与える。大学は小中学校の在職教員の継続研究に知能を提供する。政府は大学と小中学校の間に橋渡しと紐帯役として両者をつなげる。このモデルは政府の行政協調を重んじて、大学と小中学校の優位性を十分に発揮させ、双方の「win-win」を実現することを目的とする。実習校は実習生を通して大学の先進的な教育理念を受け入れ、大学も実習生を通じて小中学校の

現場授業経験を学校に持ち帰る。一方、小中学校も自分の資源優位性を発揮し、講座、経験交流会、公開授業などのトレーニングによって在職教員の専門発展を促進することができる。大学は小中学校とともに教育研究を行い、教育資源の連携・共用を実現することができて、多様なルートによって、実験区の教育発展を促すことができる。

(3)「小中学校ベテラン教員＋大学専門教員」の協同による実践教学の指導

陝西師範大学は教育実習指導において、実習指導団体のチームワークを重視している。ポイントは以下の二点である。第1に、「ダブル指導員制度」を行う。大学の専門教員と小中学校のベテラン教員の協力的な指導が行われる。大学は小中学校のベテラン教員を招待して学科教学の臨時教授、准教授、講師として基礎教育の指導を担当する。一方現地で実習生を指導し、教育教学実践活動を開催する。第2に、現場指導と巡回指導を結びつける。各専門の学科教学論の教員と授業経験が豊富な教員を集めて、専門的な実習指導チームを組み立てる。現場指導の上で、各実習校において、授業実習の巡回指導を行い、授業の問題を集中的に解決する[13]。このモデルは伝統的な実習モデルにおける大学の指導教員が実践授業の経験不足で、実習生に有効な指導を与えないという難点を克服した。それと同時に、「ダブル指導教員制度」を超えて、実習生はいくつかの指導教員の実践授業経験を聞き、各教員から自分に役に立つ経験を得ることができる。教員の専門コミュニティーに対する研究は「教員と学校外の異なる学科の専門家とともにコミュニティーを作り、民主、平等の雰囲気に、専門を超えて交流し、授業方法の革新を研究し、教員全体の専門性の向上を促進することを目的とする」[14]ものである。

(4)「国内実習＋国外実習」双方向の発展

近年、陝西師範大学は教育の実習校を海外へ移している。イギリスロンドンのウエストミニスタースクール、ロシア諸民族友好大学の附属中学校と提携交流の関係を築いた。前後四回にわたって、無料師範生を二校に派遣し、教育教学実習を体験させている。国外高校での実習[15]を通して、実習生は国外の教育理念と教学方法の核心が理解できて、知識と視野を広げ、教学実践能力を高めることができる。

2.4 「U-G-S」教員養成モデルに基づく教育実習

「U-G-S」教師養成モデルとは、開放と融合の理念に基づいて、師範大学、地方政府と小中学校三つの主体が協同的に参与・構築・実施することである。師範大学の教師教育、教育研究と基礎教育にサービスを提供する三つの機能の統一を目的とし、それによって、教育実践の効果を強化するものである。東北師範大学は「U-G-S」教員養成モデルを通して、「教育見習、模擬授業、実地実習、実践省察」の実践教学体系、「県域集中、混合編成、巡回指導、多元評価」の実習モデルを構築した。また、大学と小中学校は実習生のため全行程かつ全方位の「ダブル指導員」実践指導モデルを採用した。

(1)「教育見習、模擬授業、実地実習、実践省察」の実践教育課程体系

まず「教育見習」は、基本的に東北師範大学の所在地である長春市内の重点小中学校で行う。それは主に学生に名門校の有名な教員の教育と管理方法を見学させ、事前と事後の指導を通して課程学習と教育見習の相互促進を実現することを目的とする。続いて「模擬授業」は主に大学のマイクロティーチング専用教室で行う。それは師範生の教育学習技能の重要な一環として見なされるだけではなく、実地実習へ行けるかどうかの重要な入り口として検証することができる。また、指導教員は師範生に全行程の指導を強化することを目的とする。

さらに実地実習は主に実験区で行う。実習先の学校を省都や農村部にするのではなく、県を選ぶ理由は、実習生に充分な実践トレーニングのチャンスを与え（師範生は教育実習の間に、1人当たりが25時間以上の授業に出る）、実習生がより良い効果的な実習指導が得られるようにするためでもある。最後に「実践省察」は実践教育課程さらに育成の全行程を貫く上に、各部分に重点を置いている。実習期間において、大学の指導教員は毎日、実習生を指導する。観察された実習先の教員の授業、実習生の授業の準備、実際の授業を個人と団体の省察を行う。

(2)「県域集中、混合編隊、巡回指導、多元評価」の実習モデル

　「県域集中」とは、いくつかの県で編成した、比較的に集中度の高い地域内で、隣接しているいくつかの学校を実習校にすることである。大学側の指導教員が同じ学科専攻の実習生に適合性がある指導を行うことを図る。そして「混合編隊」とは、異なる学科専攻の実習生を一つのチームにすることである。同じ学科専攻の実習生に対して、一つの学校が受け入れ可能な人数は限られているためである。さらに「巡回指導」として、大学側から各実習チームに1人の指導教員を配属し、指導教員は本チームの実習生を指導するほか、県域内の他のチームに配属された同じ学科専攻の実習生に対しても指導を行うことである。最後に「多元評価」とは、実習生の成績を、大学側の指導教員の評価、実習先の学校の指導教員の評価、実習生の間の相互評価と実習生の自己評価など多様な方式によって構成することである。

(3) 全過程、全方位の実践教学ダブル指導教員制度

　まずは「全過程」。師範生の入学から卒業までの期間をいくつかの段階に分け、師範生は学校の指示に従って、専門知識の勉学、教学実践と自己発展において、指導教員の指導を受ける。指導教員は師範生の勉強から発展まで途切れなくフォローを加える。こうして、師範生は持続的で、一体化された指導が受けられる。一方、「全方位」とは、師範生は課程勉学だけでなく、教学実践発展および卒業論文（教学研究能力の発展を含む）と就職活動も指導教員の指導を受けることができることである。

3. 中国の教育実習モデル改革に関する報告と検討

3.1 丹念に教育実習を設計し、高品質の実習で学生の実践能力の発展を促進する

　長い間、中国の教師教育は「実践」ではなく、「理論」に重点を置き、師範性（師範としての実践性――訳者）より、学術性のほうが重視されていた。教育実習は、理論を簡単に実行に移すことだと見なされてきた。しかしこれは曲解である。17世紀、『大教授学』でコメニウスは、「教学は

あらゆる人にあらゆる人類の知識を教授する芸術である」[16]と述べた。このような教学の本質に対する理解は、教学のことを学ぶ手段としての教育実習は容易なことではない、丹精こめた設計と計画が必要だと意味している。構成主義の立場からは、教学は、社会研究での実証主義法のような「技術理性」型の実践教学慣例ではなく、教員が「意義創造」の仕事に従事し、教員の実践的な知識はこの創造を支えると強調されている。実践的な知識は客観中立ではなく、主体自身の観念や文化、生活経験などと密に関わっている。これは、教員が実践的な知識を具えるために、自分自身の経験に対して持続的かつ質の高い反省を行う必要があることを意味している。それゆえ、教育実習は師範生にリアルな情景、もしくはリアルに近い情景を提供すべきであり、師範生も実践と反省によって、教育教学の実践能力の向上を図る。近年来、中国の教育実習モデル改革はこれに順応し、教育実習を本質に戻そうとする動向を表している。

3.2 教員養成課程体系を改革し、教育実習の地位と影響力を高める

教師教育は人材育成のプロフェッショナルを養成する事業として、その課程設計は科学性と実効性をもつべきである。では、教員養成課程体系の設計において、考えなければならないことは何であろうか。『知識の創造・普及・活用』(Knowledge Management in the Learning Society, 2000)で OECD は、大多数の専門職訓練において、注目されている知識は主に四種類があると指摘した。一つ目は、「どんな」に関する知識(Know-What)、即ち事実に関する知識である。二つ目は、「なぜ」に関する知識(Know-Why)、即ち自然、人間の思考回路および社会においての行為と変化の原則と規律に関する知識。三つ目は、「どのように」に関する知識(Know-How)、即ち技能、テクニック、物事を処理する能力である。四つ目は、「だれ」に関する知識(Know-Who)、即ち誰が何かを知って、何かをしようとすることに関する情報。異なる人との協力とコミュニケーションの社交能力も含まれている[17]。

こうして見れば、教員養成課程体系の構築において、やるべきことは以

下の二つになる。

　第 1 に「要素完備」。つまり、上述の四種類の知識を具える必要がある。理論の課程において、師範生に「どんな」と「なぜ」などに関する知識を把握させる。実践の課程において、一定の情景で、師範生は理論と実践の相互影響によって、「どのように」と「だれ」に関する知識を把握する。実践の中で、実習生は「教員」というキャラクターを体験・認識し、この専門に関する共通認識を得て、教職に就くために必要な教学設計能力、教学実施能力、教学評価能力および自己専攻発展能力を身につける。次いで「構造均衡」、つまり、師範生に十分な学科知識を把握させるだけでなく、彼らに豊かな教育専門知識を具えさせなければならない。師範生に教学の理論知識を把握させるだけでなく、彼らに教学実践知識を具えさせなければならない。これによって、師範生は学術性と師範性の統一、理論と実践の有効結合の実現を達成するのである。

　中国の近年の教員養成課程体系改革から見れば、新たなモデルでの教育実習は、数と質の面であるべき重視と改善を得た。教育実習の時間を延長したこと。教育実習の得点は総合得点の中の割合が高くなったこと。教育実習の段階的、連続的な設計および、実習中の反省を重視するなどの措置があったこと。これらによって、実習の品質は大幅に向上した。

3.3　大学側と小中学校側の連携を強め、安定した教育実習を構築する

　アメリカの学者パーマー (Palmer) は、準教員の教育実習は実際の教育現場で行い、現場の経験豊かな教員と対話してからこそ、明確な自己認識ができ、教学の知識と能力を身につけたと指摘した[18]。リアルな環境での教育実習は教育実習の質の有力な保障であり、教育実習の有効的な展開は安定した実習校が必要だということを強調したのである。国際社会で、アメリカの教員専門職発展学校 (professional development schools, PDS) とイギリスの学校を基礎にした教員養成 (school-based teacher training) は、大学側と小中学校側が共に教育実習を含めた教師教育の各部分の改善に力をいれる壮挙であり、実践において顕著な効果を収めた。近年来、中国の

教育実習モデルの革新においては、「見習――実習――研究」三段階の教育実習モデルと代行教員としての実習モデルであれ、「3-3-2-2」実習モデルと「U-G-S」教員養成モデルを基にした教育実習であれ、大学側と小中学校側の連携によって展開された教師教育という共通点がある。中国において、この新たな教育実習モデルは多くの利点と効果を見せてくれた。(1) 大学側が教育実習で「単独行動」をとっているという従来のやり方を変えた。小中学校側が教師教育において、ポジティブな効果を発揮した。(2) 師範生は大学側と小中学校側両方の文化の影響が受けられる。教員としての素養育成により良い影響を与えている。(3) 大学側と小中学校側の「友好関係」は、教育実習に安定した実習基礎を提供し、理論と実践の結合を促進した。無論、中国の教育実習に関しては、大学側と小中学校側の連携責任が不明であったり、連携体制が不健全・不平等で順調さを欠いたり、連携の効果に限界があったり、たくさんの課題が残されている。より深い改革の中で課題解決を図ることが必要であろう。

注
1 　胡青、劉子強 (2007)、「中部地域における師範大学教員養成実習モデルの新たな理念」『教師教育研究』2007(1)、pp.62-65
2 　劉暁紅、段作章 (2004)、「中外幾つかの教育実習モデルの比較研究」『比較教育研究』2004(4)、pp.56-59
3 　崔相哲 (2011)、「中韓教育実習モデルの比較研究」『外国小中学校の教育』2011(3)、pp.21-24、p.48
4 　曲鴻雁 (2011)、「革新教育実習モデルの探討と構築」『現代教育科学』2011(3)、pp.93-95
5 　まず、ここで説明したいことは、二つの基本概念である。ここで討論する「教育実習」は、師範生が卒業する前の「1 回完結の突撃スパーリング」ではなく、広義の教育実習概念である。通常、「実践類課程モジュール」の名で、教員養成課程体系の中に組込まれている。今後ますます重要になるであろう課題である。一般的には、模擬実習（ミクロ教学）、教育見習、教育実習 1、教育研修などを包括する。また、ここに言及する「教育実習モデル」は、ある教師教育理念のもとで構築された手順化、準拠性、可操作性を持つ教育実習方式である。「モデル」という言葉は、『辞海』によると、手本、模本と言う意味である。『現代漢語辞書』は「モデル」を物事の標準あるいは手本とするものとしている。従って、教育実習モデ

ルと教育実習の方式を区別するほうがいい。モデルはある模型と典型的なものを指し、代表性と独特性を有する。一方、教育方式は教育実習モデルの下位概念である。多種多様な教育実習方式、例えば、「混合編隊実習」「分散実習」を使える。

6 上海師範大学「上海師範大学教育実習全体状況の報告」教師教育研究討論会資料。
7 廖紅(2010)、「国外の教師教育の現状か我が国の教育実習モデルの構築――内江師範学院の「三つの段階四つのモジュール」の教育実習モデルを例とする」『教育理論と実践』2010(2)、pp.43-45
8 華南師範大学「華南師範大学教員養成課程の標準の着実及び教育実践に関する状況の報告について」教師教育研究討論会の資料。
9 天津職業技術師範大学「天津職業技術師範大学教師教育の展開状況」教師教育研究討論会の資料。
10 中華人民共和国国務院弁公庁「教育部大力推進師範生実習支教工作の意見について」http://baike.haosou.com/doc/7607499-7881594.html（2015 年 12 月 11 日）
11 陝西師範大学「教員養成課程の改革の深い展開、人材育成の質の向上」教師教育研究討論会の資料。
12 石洛祥、趙彬、王博文(2015)、「卓越教師教育の教育実習モデルの構築と実践に基づいて」『中国大教学』2015(5)、pp.77-81
13 陝西師範大学「教員養成課程の改革の深い展開、人材育成の質の向上 」教師教育研究討論会の資料。
14 石洛祥、趙彬、王博文(2015)、「卓越教師教育の教育実習モデルの構築と実践に基づいて」『中国大教学』2015(5)、pp.77-81
15 陝西師範大学「教員養成課程の改革の深い展開、人材育成の質の向上」教師教育研究討論会の資料。
16 夸美紐斯、付敢任 訳(1991)、『大教学論』商務印書館、北京
17 貝磊、鮑勃、梅森(2010)、『比較教育研究：ルートと方法』北京大学出版社、北京、p.56
18 楊秀玉(2010)、「教育実習：理論研究とイギリス教育実践の省察について」東北師範大学博士学位論文、長春、p.24

第5章

東北師範大学教師教育における教育実習

李 広

　はじめに

　教育実習は師範生の実践課程システムにおける重要な内容であり、師範生の教育実践能力を育成する有効なルートである。教育実習は師範生の育成における重要な手段として、師範生の専門的な理論を効果的に職業教育の実践能力に転換させる。師範生は教学の策略を身につけ、教職に従事するため土台を築く。中国における基礎教育課程改革の背景として、教育理論的知識と教育実践能力を共有する高質量の師範生を育成することは、教育学界に注目されて話題になっている課題である。教育実習は師範大学教師教育における重要な部分として、これまでにない注目と研究を受けた。

　教員養成モデルを革新し、師範生の質を高め、師範生の教育実習難問を解決するために、東北師範大学は「長白山の道」の「師範大学―小中学校」の連携に基づいて、2007年に東北三省の教育庁とその下に属する一部の地方教育局、小中学校と協同で「教師教育創新東北実験区」を成立させた。「師範大学―地方政府―小中学校」教員養成モデルを構築して実施した。すなわち、U-G-S教員養成モデルである。U-G-S教員養成モデルは師範大学、地方政府、小中学校三方の連携協同を通して、師範生の育成と在職教員のトレーニングの質を有効的に向上し、師範大学における師範生の教育実習、小中学校における在職教員の専門発展を制度と政策の両面から保障する。U-G-S教員養成モデルは長い間に「実習難」、「トレーニング難」など教師教育の質を制約する難問を解決した。それによって、教師教育がうまく発展し、特徴を持つようになる道を開いた。

1. 教育実践課程システムの紹介

　東北師範大学の本科（学士課程）教育課程システムは一般教育課程、専門教育課程、生涯教育課程および卒業論文の、四つの方面から構成される。四つの指導を通して、学生は見識、能力、責任感を持ち自主的な学習者になる。また、理想、大志を持ち、徳、智、体、美が全面的に発展する学生になり、手堅くしっかりと基礎知識があり、革新精神と実践能力を持ち基礎教育の専門的教員になる。

　その中に、一般教育課程は教養必修科目と教養選択科目を含み、学生は50単位を取る必要がある。専門教育課程は専門必修科目と専門選択科目を含み、学生は71～85単位を修得しなければならない。生涯教育課程は12～20単位、卒業論文（卒業設計）は4単位を得なければならない。卒業に必要な単位を取るため、学生は以上の四つの課程から最低145～155単位を取らなければならない。師範生の育成の特徴に対して、東北師範大学は師範生のために教員職業教育課程を設けて生涯教育に代わる。教員職業教育課程は主に、教育理論課程、教育技能類課程、教育実践課程三つの方面がある。具体的な課程内容は師範大学の各科目の育成目標によって設定されている。

1.1 教育実践課程の地位と数量

　東北師範大学専門本科の課程設置において、教育実践類課程と教育理論類課程、教育技能類課程は同じ地位に置かれている。教育理論類課程と比べて、師範専門教育技能課程のマイクロティーチング（模擬教学）類課程は比較的に強い実践属性を持つ。従って、マイクロティーチング課程と教育実践課程とともに師範専門の教育実践課程システムに組入れることができる。そのため、東北師範大学師範生の教育実践課程体系は教育実習、教育研究学習、マイクロティーチングと教育調査四つの類型が含まれる。
(1) 教育実践課程の地位

教育実践課程は東北師範大学師範類本科課程体系における重要な構成部分、師範専門学生の必修課程である。それは師範生の職業道徳の養成、教育教学管理と研究能力の向上、師範生の発展を全面的に促進させることにとって、非常に重要である。教員は高度に専門的な職業である。教員として、良い専門に関する素質を持ち、専門教学の宣伝的知識を身につけ、「何を教える」を理解するだけでなく、教育教学に関する先進的な理念、知識と技能なども必要である。その上に、教育教学の手続き知識とストラテジーに関する知識を身につけ、「どう教える」、「どううまく教える」を理解するために、専門の理論的知識を学びながら、教育実践能力を身につける必要がある。教育理論類課程と比べて、教育実践類課程の目標は師範生に学んである専門の理論的知識を教学能力に転換させ、理論的知識と専門的実践が有機的に結びつき、師範生の実践素養を培う。師範生は課程の勉強と専門の実践を通じて、教育実践能力がうまく形成され、実践教学の策略を身につけ、教学のメカニズムを形成し、実践の知恵を養成する。将来、教員として資格に当たるために、土台を作る。

　教育実践類課程の設置と実施は、中国共産党の教育方針を全面的に貫く基本要求である。師範生は知識、見識、能力、責任感があり、教育者になる望みを持つ自主的学習者と専門的実践者になれるために、教学実践を深く理解して、職業観念と専門精神が形成できる。教育の事業に忠実であり、教育の使命を担い、科学的な教育理念があり、深い理論素養、広い教育視野、堅実な教育能力と比較的高い科学研究素質、管理能力、革新精神を持つ高素質、専門化の師範生を育成する。具体的に言えば、教育実践類課程の勉強を通して、師範専門の学生は科学的な教育方法、専門的な教学技能を身につける。学科教育発展の動態を把握して、よりよい人材育成を図り、職業道徳規範を形成する。師範生に教育教学に従事する専門的能力と科学研究能力を備えさせ、多元化教学方法と手段がうまく運用できて授業、評価、管理、省察、組み立て、協働の能力を持ち、安定的な専門素質と心理素質を養成する。

(2) 教育実践課程の数

　東北師範大学の師範類本科は14の専攻を設けている。それは、思想政

治教育、国語教育、歴史教育、英語教育、音楽教育、美術教育、数学教育、情報技術教育、物理教育、化学教育、生物教育、地理教育、スポーツ教育と小学教育である。師範生学科育成の要求に従って、各学科の学生は教育実践類課程に参加しなければならない。その上に、育成計画の要求によって、必要なコマと単位を修得しなければならない。各師範類の本科学科の学生は教育実践課程を学ぶべきである。その中には、教育実習、教育見習、マイクロティーチング（模擬教学）、と教育調査が含まれる。師範学科の学生は四つの課程において、合計7単位を取る必要がある。その中に、教育実習は5単位、マイクロティーチングは1単位、教育見習と教育調査は1単位である。コマの数において、ミクロ教学は40授業時限、教育実習課程は200授業時限、教育見習課程と教育調査とともに、合計40授業時限である。師範類の各専攻の学生は在校期間に、実践課程のコマ総数は一般的に、280授業時限を下らない。教育実習課程はおもに、大学に入学した第四年間の秋学期から始まり、それ以外、マイクロティーチング課程と教育見習、教育調査課程は各専攻の学生育成部門が具体的な状況によって、設置する。学校としては、統一的に手配しない。しかし、各学生の育成部門の課程計画と課程設置から見ると、教育見習とマイクロティーチングはおよそ、入学した第三年次の第六学期から始まり、教育実習の前の学期である。

1.2 教育実践類課程の内容

(1) 教育見習

教育見習は課程の類型から分ければ、実践類課程に属し、各師範本科専門学生の必修課程である。2週間を経って、合計40授業時限1単位である。教育見習課程はおよそ、師範生の教育調査研究と同時に行う。教育見習の間、師範生はおもに教育見習の準備、現地の教育見習、教育見習のおさめ、三つの実践学習を行っている。教育見習において、師範生は教育見習指導教員のもとに、教育見習計画を深く理解し、教育見習の理論指導をもらえ、実践ケースの分析方法と策略を身につけ、その上、教育見習観察スケール

の使い方を学んでケースの分析と実践省察を助ける。実地教育見習の間、師範生はおもに、クラス管理の研修、教師授業の見習、教育研究活動の見習、総合実践見習、教師専門生活の見習、五つを行っている。教育調査研究と各観察スケールを通して、基礎教育実践の様態を理解し、それによって、個人の実践行動を優れたものに変えて、実践能力が向上できて、教員としての職業情感をもらえる。教育実習のおさめにおいて、師範生は教育見習の内容を要約し、それを通じてもらった感覚と思考を全面的にまとめ、典型的なケースを分析する。そうすると、個人の専門成長にとって、有意義な参考と実践経験をもらえる。その同時に、師範生は見習期間に、クラスの活動計画と学科の教学教案の設計と書き方を学び、その上に、教案設計によって、教室での授業を模倣する。

(2) マイクロティーチング

マイクロティーチングは模擬教学とも言い、各師範大学の本科の必修課程である。授業開始はおよそ、入学した第三学年の第六学期に行い、合計40授業時限、1単位である。マイクロティーチング課程は学生を導き、学校内に教室での授業実践を模擬する。それは、教室での授業の感知、教室での授業模擬訓練、整合と向上三つの内容がある。教室での授業感知の内容によって、師範生は教員のもとに、良質な教室での授業ケースの分析を学び、学科教室での授業の初歩体験を与える。教室での授業模擬訓練の内容は師範生の教育技能の訓練と指導を旨とする。師範生は少なくとも10個の教学の基本技能を訓練する必要がある。それは、導入技能、質問技能、板書技能、終了技能、言語技能、境遇創造技能、組織管理技能、評価技能、作業技能、省察技能、教学技能などを含む。整合と向上の要求によって、師範生は教学模擬訓練の感覚と獲得を報告する。指導教員の評価のまとめを通じて、師範生は教学実践の策略を内面化して、教学実践能力を高め、その上、授業が終わった後自主的に教学模擬訓練を行うことができて、自主的に向上する方式と方法を身につける。

(3) 教育実習

教育実習は本科師範専門実践類課程体系における核となる部分であり、各師範専門の学生の必修課程である。実習時間は大学に入学した第四年次

の第七学期、60日がかかり、合計5単位である。教育実習はおもに、教育実習の準備、学科教室での実践授業、クラス管理、教育調査研究と総合実践活動五つに分ける。教育実習準備とは、師範生が実習の前期に、指導教員の指導を通じて、実習学校と実習クラスの基本的な状況を充分に認識する。教育実習計画に関する規定と要求を理解し、実習のために必要となる相応的な資料準備と心理調整準備をして、教育実習が正式に始まる前に、前期準備をする。学科教室での授業の内容によって、学生が実習の間、実習学校の教学計画と配属に基づいて教学設計を学び、教学の講義と教案を書き、その上、授業の準備、授業のやり方の説明、授業の試み、授業後の省察、学生の評価、学生を指導、宿題を添削するなど学科教学に直接関係がある教学実践活動を実行している。師範生に教案の基本構成、授業準備のコツ、教学の基本的な流れ、学生指導の方法、宿題の設計原則、教学設計の基本的な次元などを身につけさせる。クラス管理は、師範生がクラスの担任教員、学生の間の教学組織と管理の要求に従い、総合的な教学管理実践を行う。師範生のクラス活動の設計、実施と組織の能力の向上を旨として、師範生が日常のクラス管理とクラス集団の構築に取り組むことができる。クラス管理の実践において、クラス集団活動の仕組み、流れと原則、活動の目的と内容、担任教員の仕事の様態など内容を理解する。この間、師範生は管理能力が形成できて、管理方法と策略を身につけることができる。教育調査は教育科学研究の一部として、基礎教育実践によって、師範生が教育問題を見つけ、研究資料を集め、解決策略を分析し、研究設計を行い、教育調査を実施し、研究レポートを書くなど教育の科学実践能力を培う。師範生が相応的科学研究方法に習熟させ、科学研究の思惟を形成させ、研究レポートと研究結果の書き方を身につける。総合実践活動は、ほかの実習内容に基づいて、師範生の総合実践活動の設計、組織、実施、まとめ、評価、省察、活動のレポートを書くなど実践能力と組織策略能力を育成する。

(4) 実践省察

　実践省察課程は教学省察と研究課程とも言え、教育実習をした後、専門実践のまとめと省察課程である。師範類各専門学生の必修課程であり、合

計1単位である。実践省察課程は教室での授業の典型的なケースを解析、評価、精査することに基づいて行い、師範生の実践経験を内面化して自己向上を図る。それは、実習学校の教室での授業の典型的なケースに対する研究、実習生の教室での授業典型的なケースに対する研究、優れた教員の教室での授業の典型的なケースに対する研究、再実践と昇華、四つの内容が含まれる。師範生を導き、異なる教員の教学典型的なケースの説明と分析を通して、自己成長に役に立つ啓示と思考をもらう。さらに、授業の準備と実践によって、個人の不足と向上できるところを見つけ、自己省察、内面化、遷移の上で、教育実践の知恵をもらう。

2. U-G-S教育実習モデル

2.1 教師教育革新東北実験区の建築

(1) 教師教育革新東北省実験区の前期探索

東北師範大学として、一番重要な仕事は基礎教育にサービスを提供して、優秀な教員を培うことである。1988年、東北師範大学は国務院の『中国の現代化の構築の推進と農村部の発展促進について』の戦略精神に沿い、先頭に立って小中学校と提携する教育育成モデル（すなわちU-S教員養成モデル）の探索を始めた。吉林省の東豊県政府と提携する教育、科学サービスの協力を行うこと。教員を集めて農村・学校へ行き、教室に入って、教育改革に参加、科学技術を宣伝し、「進学率を高め、残りは有用である」の農村部の人材育成モデルを探索すること。農村部におよそ600人の教員を派遣し、現地の教員の全体レベルを強化かつ向上した。その措置は「長白山の道」とも言われ、多くの讃美を得た。

20年にわたっての「長白山の道」の実験探索を通して、東北師範大学は優秀教員の育成、基礎教育にサービスを提供することにおいて豊かな経験を集めた。小中学校と提携する教員養成モデルの実践中に存在する問題と不足点も充分な認識が集約された。師範大学の地域サービスと発展機能、師範生の養成と在職教師教育の効果をより良く高めるため、東北師

範は小中学校と連携しながら、「仕組み」と「保障」の構築の強化している。「地方政府」を「中間力量」としての「師範大学—地方政府—小中学校 (University-Government-School) 協同・連携の教員養成モデルを形成した。(U-G-S 教員養成モデルの省略)。「優秀な教員と教育専門家の養成プロジェクト」は新しいメカニズムになり、U-G-S 教員養成モデルが実行している間に、2007 年「教師教育革新東北実験区」を作った。

(2) 教師教育革新東北実験区の実践効果

　教員養成モデルは師範大学、地方政府、小中学校が協同的に連携して構築する。それは基礎教育に高素質の教員を提供するだけでなく、小中学校の在職教員の専門性の向上も促進できる。基礎教育の質を高める内的要求のみならず、師範大学、地方政府、小中学校の責任と使命である。そのゆえ、東北師範大学と東北三省の教育庁（遼寧省教育庁、吉林省教育庁、黒龍江教育庁）とその下の 25 県（市）の教育局、300 校ぐらいの小中学校、協同的に「教師教育革新東北実験区」を構築した。「教師教育革新東北実験区」において、師範大学、地方政府、小中学校が連携して、革新・発展する。各主体の職能が発揮でき、優位性を実現し、多様性、全方位、立体型の教員養成モデルを形成する。効果的に師範生の質が向上でき、在職教師教育と訓練の効果を高め、人の発展、組織の発展と社会文化の発展を充分に促進する。

　「教師教育革新東北実験区」の構築にて、師範大学、地方政府、小中学校は「協同発展」の指導理念とする。三つの主体は「目標一致、責任分担、利益共用、資源の補充し合い」の発展原則に従う。「人材育成、科学研究、教員訓練、資源建築」においては、全面かつ深い協同的な革新を行う。「師範大学、地方政府、小中学校」三つの主体によって、「教師教育提携共同体」を形成した。系統的な教師教育実施流れと実践策略システムの構築を通じて、師範生の実習の低効率、小中学校の訓練の難しさ、教育科学研究の提携と実践性の不足、教師教育資源の低利用率、教育育成保障機制の不十分など問題が解決できる。それによって、師範大学と基礎教育、師範大学と教育行政、教員の入職前の育成と在職の専門発展、教員資源の補充と更新、教育教学と科学研究、理論的な知識と教学実践のつながりを生み、地域の

教師教育の発展がよく推進できる。

「教師教育革新東北実験区」が成立して以来、師範大学、地方政府、小中学校は、積極的に提携し、「同課導構」、「アイビー・リーグプロジェクト」「注文トレーニング」、「協力的に課題を研究する」、「特別講座」、「優秀な教員の指導」、「授業を農村部に送る」などの方法によって、東北地域の在職教員、約5万人が訓練を受け、専門の発展を効果的に高めることができた。師範生の養成においては、「教師教育革新東北実験区」に参与する東北地域の約300の小中学校では同じ時期に、約6,000人の異なる学科、学級の師範生が教育見学、教育実習活動を受けることができる。科学的、合理的な制度と条件の保障を与え、師範生の実践課程の質と時限を保障するだけでなく、師範生と基礎教育の深い融合を通して、師範大学の先進的な教学理念、教学方法が実習校に生かせ、師範生の教学実現能力向上と在職教員の専門発展を実現した。

2.2 U-G-S 教育実習モデルの実施

教育実習は師範大学課程体系における重要な仕組み、師範生の必修課程、師範生の職業道徳の養成、教育教学管理と研究能力の向上、師範生の全面的な発展にとって、非常に重要である。「教師教育革新東北実験区」の構築によって、東北師範大学と東北三省の県（市）の教育局およびその下の小中学校とともに、師範大学、地方政府、小中学校の提携を通じて、師範生教育実習モデルすなわちU-G-S教育実習モデルを設計・実施した。U-G-S教育実習モデルは師範生の教育実習の規範化と制度化を確保することができて、師範大学の教育実習に実践の土台と制度の保障を与え、師範生の教育実習の質を極めて向上することができた。

(1) U-G-S 教育実習モデルの仕組み

「教員実習革新東北実験区」におけるU-G-S教育実習モデルを実施した。東北師範大学は、毎年の秋学期、9月のはじめから10月の末まで、第四学年第七学期の師範生を集め、「教師教育革新東北実験区」へ行かせ、教育実習を行い、60日とする。

［U-G-S 教育実習モデルの形式］

教育実習の形式において、師範生の教育実習は集中的な教育実習を主として、分散的な教育実習を補助的なものとする。分散的な教育実習は主に、各学科の少数民族の学生を対象とする。教育場も学生の属する二級学院で手配する。それ以外の師範生は東北師範大学教務処と各養成部門とともに、「県域集中、混合編隊、巡回指導、多元評価」の原則によって、師範生を集め、「「教師教育革新東北実験区」で集中的な教育実習を行う。「県域集中」とは、教育実習地が「教師教育革新東北実験区」の 25 県（市）の教育局から選択し、各実習校がいくつかの学校から選んで実習学校とすることである。それによって、実習校が分散しすぎる問題を解決するだけでなく、実習生を相対的に集めることもできる。「混合編隊」とは、各実習地と実習校の学科、指導教員の専門分野、師範大学指導教員の専門分野など状況に基づいて、師範生に対する複数の学科を混合してチームをつくることである。「巡回指導」とは、大学指導教員たちは個人の学科の差異性と優位により、実習期間でお互いに異なる地域と同じ地域、異なる学校で巡回指導を行い、各学科の教員の間に、指導のバランスを保障することである。「多元評価」とは、実習生が大学指導教員、実習学校の指導教員、実習チームなど多元的主体の評価に実習生活を送って実習成績を受ける。それは、評価の客観性を保障すると同時に、全面性、確度と目標性を高めることができる。

［U-G-S 実習モデルの管理］

教育実習管理においては、U-G-S 実習モデルが学校、院（部）二級管理を行っている。教師育成研究院（教務処に属する）が東北師範大学の代表として、実習の全体の手配と管理の役割を担う。「教師教育革新東北実験区」教育局のコミュニケーション、実習校の指導教員と各実習地の教育実習責任者を決める。学院（部）は本部門の教育実習指導教員を選び、教育実習校とコミュニケーションを取り、学校とともに、教育実習を行う。実験区の教育実習責任者は主に、属している実験区に、教育実習のマクロ管理を担当する。それは、各教育実習指導教員チームの出席を取り、巡回指導を展開することである。責任者は主に、学院（部）における課程と教学論のベテラン教員あるいは教育実習経験が豊かな教員を担当する。彼た

ちは教師教育研究院と所属学院（部）のダブル指導を受ける。

　師範大学の教育指導教員は実験区の教育実習責任者の指示によって、師範生教育実習期間内に、専従指導者として学生の教育実習を指導する。各学院（部）は他の仕事を任せてはいけない。教育指導教員は実習の準備を整えておくべき、前もって担任する実習校に連絡を取り、実習校に実習生の性別、専門などメッセージを伝える。宿泊、飲食など生活に関する手配をする。指導教員が前もって、実習生の実習学級、教学スピードなど実習に関わる状況を確認して本チームの実習生に伝わる。実習期間に、指導教員として、本チームを指導し、成績を評価するだけではなく、地域内の実習生に対する巡回指導と管理を行う。実習が終わった後、実習指導教員と実習生とともに、学校に戻る。戻った1週間以内に、指導教員は実習生に対する成績評価表、実習校指導教員が実習生に対す成績評価表および実習チームの成績評価表を各実習生が所属している学院（学部）の教務秘書にわたす。

［U-G-S 教育実習モデルの成績評定］

　U-G-S 教育実習モデルは師範大学、地方政府、小中学校の提携を通して制度的保障が得られる。東北師範大学の規定により、師範生は実習期間内に少なくとも12授業時限の授業を行い、その中に6授業時限が新人として、授業をする。師範生として、学科教学実習をする以外、実習期間内に少なくとも1回で独立にクラス活動を設計・組織し、調査研究を行う。実習期間にできるだけ個人の実習体験を豊かにし、実習経験を積む。

　教育実習の任務と目標を達成する上に、師範生の教育実習成績が学院（学部）の実習領導チームに決められる。その中に、U-G-S モデルによってできた教育実習成績は師範生実践教学課程体系の70%を占める。他の30%は、教育見習成績が10%を占め、模擬教学訓練成績が20%を占める。教育実習に70%を占める成績の中に、実習校指導教員の成績評定が20%を占め、東北師範大学の指導教員の成績評定が40%を占め、師範生が所属している実習チームの成績評定は10%を占める。各成績評定は『東北師範大学本科教育実習管理規定』によって厳格に実行する。

2.2 U-G-S教育実習モデルの主要な内容

(1) 授業実践

　教室での実践授業は師範生教育実習の核心内容であり、師範生が実習期間に実践教学能力を高める主要なルートである。教室での実践授業は系統的な専門実践活動である。その内包は教育学界さらに基礎教育界と思われる教室での授業が「構造化」、「正式」に限らなく、教室での実践授業の前期準備とその後のまとめと省察も含む。U-G-S教育実習モデルにて教室での実践授業は師範生実習時間における授業準備、受講、授業のやり方の説明、授業の試み、正式授業（新しい内容を教え、宿題をする授業、指導をする授業、復習をする授業）、教学省察、教学評価、教学設計、教案書き、学生指導、宿題の直しなど多様な内容が含まれる。師範生の専門実践を通して、教室での実践授業能力向上と発展を実現した。良い教育実践素養を持って資格に合う教員になるため、土台を作る。

(2) クラス管理

　クラス管理は学校管理の重要な構成部分であり、学校管理を順調に進める鍵であり、クラスの凝集力、団体力を高める重要なポイントでもある。良好なクラス管理は良い気風のクラスが作られ、クラス全体の発展目標を立て、民主的な雰囲気を作り、正しい思想態度と価値観を持たせる。したがって、クラス管理実践能力は教員として、不可欠な基本能力である。U-G-Sモデルにおける教育実習は師範生の実践教学能力を高めるだけではなく、師範生のクラス管理、教学管理実践能力も向上できる。実習期間に、師範生は担任教員と各教科の教員を補佐し、教学と授業後の学生管理を通じて、担任教員、各教科の教員の有効な策略と管理方法を身につける。また、クラス管理はクラス集団活動の企画設計、展開、まとめ、クラス集団の構築など内容も含める。管理内容の実践を通して、師範生が実践中に教育管理の理論を管理策略、自分の指導に転換できて、クラス集団の活動企画の基本構成、展開の流れおよびクラス管理の知恵を明らかにする。

(3) 教育科学研究

　教育科学研究の実践トレーニングは師範生の教育科学研究能力を高める

重要な手段であり、「教学能力と科学研究能力を備える」優秀な教員を養成する土台である。教育科学研究は系統性、過程性を持つ専門的な実践活動であり、普通ではない問題を研究して解決方法を見出す。師範生が実習の間に、蓄積、発現、探索、研究、解決、検証など探求活動を行う。教育実習期間で師範生に対する科学研究能力の養成は、師範生が教学実践を通じて科学研究能力を向上する。師範生の科学研究が教育実践に立脚させ、教育実習から始まり、問題の研究と教育実践に結びつけさせ、研究の結果が教育実践に目指し、科学研究意識と観念において実践関心を備えさせる。U-G-Sモデルにて教育実習は、教育科学研究において、主に師範生の研究問題の発見、研究資料の集まり、研究企画の設計、調査研究の実施、研究報告の書き、研究成果の達成など総合研究能力を育成し、師範生の科学研究意識と問題を解決する能力に重視し、良い科学研究ロジックと研究策略を形成させる。

(4) 教員集団の協力

　教員協力は教員として不可欠な専門能力であり、教員組織システムにおける重要な内容である。師範生が実習期間での教員集団協力実践トレーニングは将来、正式な教員として、教員協力、教学提携、教員と学生の協力の重要な保障になる。東北師範大学は師範生の教育実習の間に、多様な学科「混合編隊」によって、実習チームを作る。実習チームは各実習校で幅広い、内容が多く教員集団の協力を行うことができる。協力主体は、師範生の間の教員協力、師範生と学科指導教員の協力、師範生とクラス担任教員の協力、師範生と学校管理者の協力、師範生と実習クラスの学生との協力など内容がある。協力内容は、教学設計、授業後の省察、集団で授業を準備、チーム研修など内容を含む。実習内容と実習活動の違いによって、師範生が教員協力を行う人と協力方式も異なる。実習期間での師範生教員集団協力能力の養成を通して、師範生の協力意識を高め、協力策略、協力方法を身につけ、協力観念を強化し、師範生は教員集団の協力が教学と教員の専門発展に対する重要性が理解できる。

3. U-G-S 教育実習モデルの開拓・発展

　U-G-S 教育実習モデルが実施されて以来、東北師範大学は「教師教育革新東北実験区」の構築に基づいて、東北地域の地方政府、小中学校と協力して、効果的に師範生の実習難問を解決した。現在、東北師範大学は「教師教育革新東北実験区」に約 300 の実習校がある。各実習校には 20 人が入り、集中的に実習を行うことができる。数の上に、実習校に対する要求を満たすだけではなく、師範生の実習の質を高めることができる。現在、U-G-S 教育実習モデルはすでに、穏やかな進行状態になった。国、社会と基礎教育学校が師範大学教師教育の質に対する要求に応えるため、U-G-S 教育実習モデルは現在に立脚し、一歩進んで、革新発展と完備を求める。社会、基礎教育のため、もっと多い、優れた「高素質」「専門化」の教職人材を育成する。

3.1　数を減少し、質を高める

　大学における師範類本科生の現在の募集数から見れば、「教師教育革新東北実験区」は、すでに毎年師範類各学科の学生の実習要求を満たすことができた。より良い師範生の実習の質を向上するため、U-G-S 教育実習モデルは将来、進行と実施の間、「質向上」と「量の減少」を重視し、現在の教育実習の質を保つ上に、実習校に全体的評定、選別を行い、実習条件と実習質が比較的に良い実習校を残す。そのうえ、質が良い実習校に資源投入量を増加させ、教育実習保障制度と実施企画を最適化させ、実習の効果をより良い向上させる。その同時に、全体の上に、実習校の数を削減し、保障条件を止め、実習質が比較的に良くない実習校を取り消す。U-G-S 教育実習モデルの実習校の構築は「量の拡大」から「質の向上」に変わることができた。

3.2 農村部で強化し、都市部で発展する

「教師教育革新東北実験区」の構築において、U-G-Sモデルでの教育実習校は主に、東北三省の県域農村部にある。より良い師範生の教育実習の質を高め、農村地域の教育発展を導くために、将来「教師教育革新東北実験区」の構築を一歩進めて開放し、開拓・発展させることが必要である。農村部にあった実習校に基づいて全国に向けて構築する。一方、都市部に教育実習校を作り、師範生が全国の都市部に高質な小中学校に送られて教育実習を行い、基礎教育の最新の発展を理科させ、先進的な教育方法、教育技術を身につけ、科学的な教学管理と仕組みを学び、高質な基礎教育の実践の中に経験を積み、実践技能を高め、策略体系を豊かにしてより高いレベルの専門の成長を取る。基礎教育に従事する師範生が将来のために土台を作る。

3.3 学士と修士の結合、内容が豊富

教師教育の質を高め、高素質の教員人材を養成するため、東北師範大学は学部生の教育に基づいて、修士の募集数も拡大している。各養成部門は学部生と修士（学術型修士と専門型修士）の養成の数の上に、バランスをとった。教育実習の内容を豊かにし、実習期間に「学士と修士」の結合を強化させるため、U-G-Sモデルの教育実習は「学士と修士の結合」の発展方式を使い、過去のような集中的教育実習を行うと同時に、学士と修士の混合編隊の実習モデルになって、教育実習期間に「学士と修士」の相互補完を実現した。学部生に比べて、院生はより多い専門的理論知識、学科教学知識を持ち、基礎教育に対する理解と認識も深い、教育科学研究の思惟と研究能力も良い。「学士と修士」の「混合編隊」の教育実習は院生の知識、技能、科学研究などにおいて、学部生に対する引率と指導を発揮して実習の効率を高める。また、「学士と修士」の結合の教育実習モデルは師範大学の指導教員、小中学校の指導教員のストレスを解消することができ、修士が基礎教育学校に対する智力の補償作用を発揮する。U-G-Sモ

デルの「学士と修士の結合」の教育実習は教育実習の質を高め、基礎教育の発展を助ける「ダブル効果」がある方式であり、U-G-S教育実習モデルを優れたものにする措置でもある。

第 6 章

小学校の教育実習カリキュラムおよびその実施

呂 立傑

　はじめに

　東北師範大学小学校教育専攻は 1999 年に設置された。これは、全国において初めて四年制（本科）の小学校教育専攻を設置したうちのひとつである。毎年の募集人数は 60 人程度である。現在、東北師範大学小学校教育専攻は全教科の担任が可能な優秀な教員の養成を目的に、小学校の教育事業に従事する熱意を持ち、良好な道徳的素養を有する教員、系統的かつ堅実な専門知識があり、つよい教育教学能力と研究能力を持ち、継続的に専門性開発を行う能力を備える教員、2 科目の課程教学（数学、国語）および三つの課程教学（科学、品徳と生活（品徳と社会）、総合実践活動）を担当でき、高素質かつ優秀な小学校教員を育成している。

　小学校教育専攻の師範生が卒業するには、最低 149 単位を取ることとなっている。課程体系は主に、教養教育類課程、教育理論類課程、学科および教学論類課程、実務と技能類課程、実践課程、卒業論文などを含んでいる［表1］。

　小学校教育専攻の学生にとって、「堅実な実践技能および基本的な教育実践能力」は最も重要である[1]。実践能力の育成は教員養成カリキュラム体系の最後の一環であるのみならず、教師教育全過程に共通する方向である。

　東北師範大学小学校教育専攻の教育実習課程ではこの実践能力の育成を目的に、一連の計画を作った。三段階の実践課程の実施および大学指導教員と実習を行う地域との連携を通じて、小学校教育専攻の師範生は全教科での、堅実な実践技能と基本的な教育実践経験を身につけることを保障し、

表1　東北師範大学小学校教育専攻の学科課程

課程類型		課程名称	単位
養成教育課程		外国語、高等数学、人文類選択課程、科学技術類選択課程など	50単位
専門教育課程	教育理論類課程	教育哲学、教育社会学、課程と教学論、徳育原理、中国教育史、外国教育史など	22単位
	学科及び学科課程と教学論	国語基礎、小学校国語教学論、小学校国語課程標準研究、初等数学研究、小学校数学教学論、小学校数学課程標準研究など	34単位
	実務と技能	言語技能、書道技能	22単位
	実践類課程	マイクロティーチング	2単位
		見習	1単位
		現地実習	4単位
ほかの選択課程			10単位
卒業論文			4単位

養成目標の要請を実現している。

1. 実践の方向——小学校教育実習課程計画の理念

　現在、中国の師範大学の教員養成カリキュラム体系に関しては、教師の基本技能の訓練を重視する学校や、教育理論に目を向ける学校や、学科知識の深度に気を配る学校や、基礎教育における新たな課程の理解に注目するなどさまざまであり、大学間でも、それぞれ相違点と特徴を持っている。

　世界の教師教育の中においても、この相違点は存在している。Sharon Feiman-Nemser は教師教育の中で、多様な方案、課程、教学と指導および評価について整理し、五つの観点（すなわち学術、実践、技術、個人、批判という観点）があることを指摘した[2]。これら五つの方面は教師教育に対する異なる主張を含む。それらの相違点は教師の役割、教学に対する仮説の違いを含んでいる。教師の役割を主に「知識の伝達者」として捉えたり、一方複雑な問題の解決に重きを置いたり、主張も複数存在している。

加えて、教学とは技術を通じてコントロールできるものであると考え、教学自身が推測できないとする考え方や、教師の学習能力や発展能力を向上する必要があるという考えもある。異なる仮説が教師教育の方向を決めたり、異なる課程内容と実施の方式を形成したりしているのである。
　教師は実践性が強い職業である。師範生として、教学に関わる知識を学ぶだけではなく、最後に実践を通して知識を伝えることも重要である。教師は理論を学びながら一定の論理体系や価値原則に基づいて、教師が用いるべき理念、観念、原則などについて議論する。しかし、実際の教育環境の中で、教師として、具体的な状況に基づいて判断する能力を持つことが重要である。この判断の過程は過去の理念や論理にたよるのではなく、環境によって、多様な原則、慣例、認知、経験から要素を引き出し、一瞬にしてそれらの要素を再構成して判断をするものである。これは理性的な直観過程でもある。直観というのは、この過程でどんな要素を選び、どうしてこれらの要素を選択することがあらかじめ明確になってはいないという点に起因する。理性というのは、この選択過程が教師の認知的経験、信念、情感、需求、生活経験、人格、動機など様々な要因の影響を受け、最後の策略が多様な要因の相互作用によって決められる点に起因するからである。これから見ると、このような実習は、師範生が教師の立場で考え、それによって教職の専門性に共感し、専門性に関わる思考の習慣を備え、専門技能を身につける起点であるといえる。
　また、教師教育とは、学科に関する知識に単に基本的な表現力や板書技能をプラスしたものというわけではない。教師が何のために「教える」のか、どう「教える」という思考と省察を学びながら、自らの経験を研究し、また教育教学行為の改善を通じて専攻の発展を果たすものである。それも「実践のため、実践に基づいて、実践する」という実践化へと導くことが教師養成改革において必要とされている。「実践」の論理や思惟と解釈の枠組みから教師養成と成長モデルを理解して構築するということも、教師教育の実践性の発展を実現する合理的な道である。実践課程の価値は技能の強化と経験の単なる蓄積というだけではなく、専門知識を得ると同時に、省察の習慣と教育観念の構築をすることも必要である。

小学校教育課程の実践方向は、学生に充分な実践教学の機会を与え、実践的学習と理論的学習を相互交差して終始一貫させる。理論的学習の中に多くの実例を使って、できるだけ実際の学校、あるいは授業の様態、実践問題に関わる判断を具体化すべきものである。

2. 小学校教育実習課程の体系

小学校教育実習課程の体系は実習、見習、教学模擬、模擬授業、実践活動などを含む。実践が教師教育の全過程を貫いており、簡単に言えば、実践の過程は以下のような三段階で進む。言うなれば全過程実践教育実習課程体系である。

2.1 第一段階：モジュールの訓練と体験

これは第一学期（一年次前期）から第四学期（二年次後期）までの四学期の実習である。この時期の学生は大学に入ったばかりで、大学の適応期および転換期にある。教養課程などの基礎的な課程も多い。学生にとっては自らの役割が学生からぼんやりと「未来の教師」へ転換する時期でもある。大学に入ったばかりの新入生として、新たな授業と教師に臨む時、自らの役割はまず「高校生の継続」であると思われる。師範大学、特に教育科学学院の小学校教育専攻の学生の学習内容は教育、特に小中学校教育を対象に、研究討論を行って省察と批判意識を育成するものである。また学習時間の増加と専門知識の蓄積に伴い、学生が初めて学ぶ者としての立場から脱し、傍観者・観察者の視点から、自らの経験や社会の中での教育現象を省察し、さらに学生はそれぞれの視角から教師になれる知識、技能、経験を得ることになる。

それらは主に、三つのモジュールから構成される。第1に、課程体系での特別技能訓練であり、それに相応する課程は教師言語技能の訓練、書きと描きの訓練、教師の基礎訓練などである。第2に、小学校教師としての

初歩的な感覚として、小学校の有名な教師を招いて講座を主催したり、名門校の公開授業や各地区の学科教学の公開授業等を通じて見学したりするものである。第3に、学生の教学技能を実際に試してみることである。それらの実践内容の特徴は専門性と部分性を兼ね備えることであり、このための特別な技能を訓練することになる。したがって、学生は授業の内容の一部を理解して、授業の中でスムーズに自分の意見を表現することを体験する。

この段階の目的は基本原理を学習するとともに学校の基本常識を明らかにし、基本技能を訓練するとともに、手始めに教師の仕事の一部を体験することにある。

2.2 第二段階：系統的な観察と研究討論

この段階は第五学期から第六学期まで、合わせて二学期である。大学三年の師範生がこの時から、教育問題を「高校生（高中生）」の立場から離れ、夏休みの個別指導や授業補助などを通じて教師の役を体験することになる。また、二年間の教育理論の学習を通じて、教育に信念を持ち、人間科学的な精神を抱くとともに、小中学校時代から徐々に遠ざかり、教師としての想像も湧き上がってくる。大学三年の実践課程の目的は、学生が観察者の視点から、学校に戻り、現実に帰ることにある。

具体的な実施方法としては、大学三年の1年間で見習（見学実習）を行い、系統的に学校生活や教師の仕事を観察することになる。見習の方式は、まず三つの実習校を選定し、1箇所に各20人の見習学生と1人の大学指導教員を派遣する。見習学生はそれぞれ指定されたクラスに配分され、実習校では1人の指導教員が各1～2人の見習学生を指導する。見習学生は少なくとも週に1日、指定されたクラスで授業を聴講し、クラス経営に参加する。指導教員との話し合いをもとに、見習学生が学校およびクラス活動に参与する。もちろん、見習は単に学生に見学のチャンスを与えるだけでなく、計画的な指導も必要である。実習校の指導教員はそれぞれ具体の出来事、状況について、自分の感覚や、行動の原因を実習生とシェアする。

しかし、実習と異なり、このようなシェアは共同の行為に基づくものではない。指導教員は見習学生の実践中の問題が見えないので、ねらいがはっきりしている指導を与えることにはなっていない。

見習計画は大学の担当であるが、その計画は主に二つの部分に分けられる。第1に、課程の主旨を総合的に把握した上で観察や研究討論を計画する。そして第2に、大学の見習指導教師を集めて研究討論と精査を行う。このための専門科目として、大学三年次に国語教学論、数学教学論、授業管理芸術、小学校心理健康教育などを設置し、学生たちはこれらの知見に見習経験を結合して教学を行うことになる。

たとえば、第六学期に行われている授業管理芸術は、八章に分けられ、その中の六章が実践の問題に関わる。この授業を担当する大学教員は毎章で一つの研究テーマを定め、授業の観察研究を行う。全ての学生は、5人で人グループを組み、研究計画を設計し、観察スケールなど研究ツールを使い、見習聴講のチャンスを利用して、授業を観察し、観察メモをとり、授業で討論する。また、問題の現象と原因を分析して、研究報告を書く。研究報告の成績は見習の成績およびそれに関わる課程成績の一部として評価される。そのようにすることで、見習の感覚を結びつけて、系統的に学科教学の研究討論、授業管理、学生管理など方面の研究討論を行うことが可能となる。すなわち、大学が担当している見習計画は研究活動を主にしての省察と研究討論であると言える。

大学の指導教員は2週間につき1回の定期討論を行う。学生たちにはしばしば、実習校に入った後、驚きの感覚が生じる。実際に、見習学生が学校に入った後、教師のクラス管理の方法に驚き、いたずら好きな生徒と教師が向き合う時になすすべがない状況を案ずる。教育に熱意を持つほど、このような体験に陥る可能性が高い。それゆえ、大学の見習指導教員が教師の立場から見習生と討論することが重要になってくる。

2.3　第三段階：総合的な実践と省察

これは第七学期の一学期に行われる。大学四年生が小学校の現場で実習

を行い、実習教師を務める。小学校教育専攻の学生は実習期間内に少なくとも12時限の授業（うち最低6時限は新たな授業）を行う。それ以外に担当教師や教育研究者の役割を体験し、教育調査を行う。小学校教育専攻の学生は無料師範生であるので、大学四年生になると、職業志向もはっきりしてくる。加えて就職のプレッシャーも感じている。学生たちは実践を通じて、自分を鍛え、仕事力を高め、実践を学ぼうとする動機が非常に強くなっている。

　この現地実習の段階は主に三つの要点がある。第1に、念入りに実習校と指導教員を選定し、小学校の指導教員を主体とする専門の指導を仰ぐことである。実習は単に学生に実践の機会を与えるだけではなく、指導を行うことも重要である。実習生はよく指導教員の行為を手本として勉強している。実習生に対して指導教員は、教育についての観念や教育の方式など、啓蒙的な影響を与える。したがって、見習の段階と異なり、小学校教育専攻の実習校はおもに、この地域に最高の学校となる。また、ベテラン教師を実習の指導教員に当てることになる。第2に、実習生の視点の変化について、大学の指導教員が定期に懇談会や、研究討論会を開催することである。我が国のほかの師範大学と同様に、実習は「ダブル指導教員」（＝小学校指導教員と大学指導教員）の制度を実施している。小学校の指導教員と比べ、大学指導教員は毎日、実習生の実習状況を観察することができない、小学校の実習教員のようには小学校の課程、学校、学生の状況をよく知っていないので、実習生に与える指導のねらいがはっきりしておらず、有効でないことが多い。では大学の指導教員の役割は何だろうか。それは、大学指導の教員が実習生集団を対象として、理論的な視点から実習生共通の疑問・難問・心理的落差を説明することにある。それゆえ、実習生の注目点の変化のタイミングを主として、集団的な省察の場では重要な問題点を機に、実習生を導き、自主的に有意義な教育観念を構築することになる。第3に、実践体験と教育研究を結合することである。これに関わって東北師範大学では、小学校教育専攻の卒業論文の研究計画の提出時期を以前の第八学期から第七学期に変更している。つまり、研究テーマが決まった後、実習生は研究に関わる問題を抱え、実習校に入ることにしたのである。こ

うすることで実習と同時に、実証研究も始まることになった。

3. 小学校教育課程実施の保障メカニズム

　実習校と大学側の良い提携関係は実習指導に対して意義深いものである。師範という専攻分野の発展は小中学校に頼ることが必要とされている。実習生に実習の機会を与えるだけでなく、実習校は大学の専門の研究に重要な情報資源をも提供する。

　一方、小中学校の発展にとっても大学側の理論的な指導と技術サポートが必要である。現在、学校間の提携によって学校を改善していくという提携形式は、ますます小中学校側と大学側で盛んになっている。実習校と見習校を架け橋とし、小学校教育専攻の教師は学校との長期的な協力関係を構築している。

3.1　大学側の指導教師の指導能力を高める

　小学校専攻分野の実践制度を確立し、小学校教育専攻のすべての大学教師が一学期間、もしくは一学期以上の小学校教育体験を保障されている。師範教育において、特に小学校教師の教育は顕著な実践的な方向性をもっている。技能に関する課程であれ、理論に関する課程であれ、大学の指導教師は実際の教育実践から、それらの知識を説明し、分析していくべきである。だからこそ、教師教育者自身が小学校での教育経験をもつことが求められている。我が国の大学教師の出身を見ると、学士、修士、そして博士を取ってから、そのまま大学の教職に就く人が多い。本専攻分野は、小中学校での教学経験なしの教師が実習校やあるいは他の学校で一学期以上の教学を体験すれば、研究成果などの面で条件を優待する措置を取っている。この措置は、近年の国際的な教師教育における「自己研究 (self-study)」[3]運動の主旨とも一致している。

　自己研究について、教師教育者は自分自身の仕事を振り返り、自分が抽象的な教育理論を講義しても学生たち（職前教師）に理解してもらえず、

彼らが困惑を感じることもあると気付いた。そこから、「どうすれば彼らに信じてもらえるか」と考え始めた。教師教育者自身が実践から習得し、実際に応用した知識こそ、学生たちにとってしっかりとした知識だと考えられる。教師教育者が実践躬行(practice what you preach)すること、すなわち「あなたが提唱することを実践に移す」を唱えている。教師教育者は、再び小中学校に戻り、教学を体験し、小中学校側の教師や実習生と協力することから、自分の教育観念を再構築し、他人により価値がある意見を提供することができるのである。

3.2 実習校に専門的なサポートを提供する

　専門教師を実習校や見習校の連絡係に任命する。連絡係は一般の事務的な連絡を担当するほか、実習校に専門的なサポートを提供して実習校との協力関係を維持する。専門的なサポートは、問い合わせ、講座、教育研究活動に参与、課題指導、学校単位での課程設計に協力などのことが含まれている。

　例として、大学側の教師の協力によって、長春市内のある小学校では『中国符号』という学校単位での課程を開発している。この課程は学校特有の文化、資源を活かし、研究式の学習法を取っている。児童たちの中に大人気を獲得した。この提携は既に六年経っている。この課程は系統的な課程方案を築き、教材の開発も行い、いくつかの代表的な教学形式を設計し、徐々に整備していく。大学側との協力によって教師の専門分野能力は高められた上、学校の課程開発も発展した。そのため、大学の実習生に実習のチャンスを喜んで提供すると校長は考えている。大学教師はこのやりとりの中で、課程理論面の分野で長所を発揮し、積極的に実習校の教師を基礎教育研究に招待する。彼らは実習校の実践教学と管理の中から、問題を発見、検討、解決する。実践の中から、理論の価値と実践の意義を見直し、評価、構築する。自分の学術理論研究の入り口と展開点を見つけたとともに、教育研究、実習指導と基礎教育のサポートの有効的な結合を実現した。まさに一石「多」鳥である。

3.3　師範生の実践学習サークルを作る

　実践、省察、学習のサークルを作ることは観念の養成や改善のための重要な方法である。グロスマン(Grossman)は「教学実践は教師教育課程をつなぐ経線であり、実践に関わる知識とスキルは緯線である。教師の注目と需要は課程の核心となる」[4]と隠喩した。入職前の教育の中の実践は、比較的に簡易化された指導性を持ち、リアルではあるものの「安全的」な環境の中の実践であるという特徴を持つ。それゆえグロスマンは、実習や見習のほかに、入職前の段階で常に模擬教学を行うべきだと強調した。この模擬教学は初心者の学習に有利である。マイクロティーチングを行うモデル案を研究し、職前教師のデータベースを作り、教室での行動を研究していくことなどは職前教師の経験を増やす有効な方法である。師範生にとって、教師になるための実践体験、省察はとても重要[5]であり、それゆえ成長の場としての学習サークルも必要とされている。実践の練習を行うに際し、師範生は相互に感情的なサポートと激励が必要である。そして、具体的な環境に置かれた実践に関して、仲間のフィートバックと指摘は省察の重要な情報源になる。小学校教育専攻分野の見習や実習の過程で、見習グループ、実習グループの自己管理を強調しつづけ、大学の指導教師が定期的に実習生たちを集めて討論会を開くのも重要な一環である(下記【モデル案】参照)。そのほか、四年間の学習の生涯において、「学科教学サークル」が重要である。例えば、国語の教学に興味をもつ学生たちは自発的に、或いは教師の指導の元でグループを作り、定期的に教学ビデオを見て模擬教学を行い、感想を交換するようなサークルである。

【モデル案】
　実習中、大学の指導教師は週ごとに実習生の省察会を開き、実習生がこの一週間の悩みと喜び、挫折と成長を発表する。これを通じて、研究者は週一回の省察会の中から、実習生の注目点が変化し続けることを発見するとともに、インタビューを通じて小中学校側の指導教師と大学側の指導教

師も実習生の変化を察したことも明らかにしている。概要は以下のとおり。
　実習生の8週間の実習中の注目点は時間につれて、いくつの時期に分けられるが、概ね以下の五点を主にするものである。

(1) 授業時の管理。どのようにして授業時の規律を維持するか、どうしてクラスディスカッションを行うのに授業時間の半分がかかったのか、大学で学んだ授業時の管理法はどうして役に立たないのか。
(2) 講義と表現。講義のポイントが指導教師に掴まれないのはなぜか。なぜ指導教師から言語表現がバラバラで、授業のリズムをコントロールできないと指摘されたのか。
(3) 自己イメージの位置づけ。「厳しい」かつ児童たちと距離がある教師になるべきか、自分の意志で「優しい」が、授業が混乱している教師であるべきか。
(4) 教師の基礎素養と学科素養。標準語を使うことに悩み、まさか自分が知識のミスを犯したとは思わなかった。
(5) 授業時のコミュニケーション。どのような質問であれば、児童たちの認知レベルに合致し、くどすぎないように簡潔であるか。児童をどう評価するか。児童がミスを犯した原因は何。児童たちが質問したことをどうすれば授業の一部に派生的に位置づけられ、自分の教学の準備と統合できるか。

　8週間の実習中で、それぞれの問題が集中的に出てくる時期は異なる。小中学校側の指導教師は師匠や同僚のように毎日実習生のそばにいるので、彼らから見れば、実習生の成長も概ね以下のような段階性をもつと見える。
　第一段階は、大体1〜2週目にあり、実習生は「猫型」である。授業時、彼らは緊張しており、恥かしがり屋で、事前準備した内容を講義するだけで、児童たちの気持ちに気を配る余裕がない。
　第二段階は、大体3〜5週目にあり、実習生は「孔雀型」である。大多数の実習生はうまく教学を完成することができ、自分の豊かな知識や先

進的な教育理念などをアピールし始めることとなる。

　第三段階は、大体5（或いは6）〜8週目にあたり、実習生は「ガムシロップ型」である。彼らは児童たちに気を配り始め、児童たちに授業を効率よく受けさせる方法を考え始めた。

　大学側の指導教師は週に1回実習生たちを集めて省察会を開く。実習生たちが注目する問題の段階性は、第1〜2週目の授業時の管理、3〜5週目の講義の正確性、6〜8週目から児童たちに気を配り、自分のPCKに注目するようになったと示している。これらの注目点は学校側の指導教師が述べた段階的な特徴と対応関係をもっている。このような特徴もフラーの「生存に注目──教学に注目──学生に注目」という結論と極めて類似している。

3.4　理論と実践の相互浸透

　もし、教師教育の教育理論、専門分野の理論教育が成功しているならば、実習や、実習生の将来の教師としての仕事も成功である。逆に言えば、実習において実習生が壁にぶつかり、困惑を感じ、能力不足の状況が出ていれば、教師教育の職前期の学習と訓練には問題がある。このような考え方は、教師教育においてよくある誤った仮説である。推理の流れが間違ったのではなく、この考え方の前提が間違っているのである。

　教師教育の体系は必ず「理論から実践」という流れに従うのか。ローラン (Loughran.J) の観点からすれば「そもそも理論から実践という教師教育モデルの前提仮説は間違っている」。ローランは、理論から実践という考え方は従来の技術理性思想の影響を受けた結果だと指摘した。教師の観念は教師自身の実践を基にする。教学実践にいるからこそ、本当の教育の観点と思想を悟ることができる。理論と実践を完全に分離した教育モデルは明らかに問題があり、実習生を直接に一人前の教師に成長させるような完璧な教師教育と訓練にはならない。職前教師教育の各段階は理論と実践の相互浸透が必要である。理論課程の教学において、課程と教学論、教育社会学などについて、小学校教育分野はモデル案をもって授業し、学生た

ちに実例から理論の意義を理解させ、そこからセミナーという教学方式が提唱される。大多数の学科課程と教学論課程、実務技能課程（たとえば小学校数学教育論、小学校国語教学論、授業時の管理、担任教師の仕事など）は、大学教師と小学校の優秀教師の提携講義という方法によって、理論と実践がつながり、結合される。

4. 小学校教育実習課程実施の制約要素の分析

小学校教育実習課程体系に対する学理的な分析、および小学校教育実習課程実施の効果検証の調査を通じ、小学校教育実習課程の実施効果を制約する要素は三つの方面にあると言える。

4.1 詳しい教育実習方案の欠如

大学側の実習指導教師であれ、小学校側の実習指導教師であれ、実習が終わった後、実習教師が達すべきレベルは何であり、そのレベルの次元と程度はどのように決めるかをはっきり分かっていない。一般の学科課程のように、教育実習も明確な目標、段階性がある内容配置、多様な実施方式、多元な評価方法を持つべきである。それによって、教師の育成過程を導き、整えていくことになる。

しかしながら、教育実習は特別な実践課程である。学習の目標は教学技能の向上であり、教師という職業に対する認識でもある。学習の内容の大半は暗黙知、個人の知識である。学習過程は実習教師の個人体験と実践に頼り、学習効果の表現も複雑である。その他、課程の主体も多元的であり、そこには学習者すなわち実習生、大学側の代表として学生の育成責任を担う指導教師、実践課程の教育者である小中学校側の指導教師が含まれている。だからこそ、教育と学習の実習進行計画を立てているために、実習の設計方案と評価方案が融合した実習課程方案を構築すべきである。例えば、週を単位にし、実習生の注目ポイントに沿ってミッションを立てるか、あ

るいは実習生が一週間の実習ミッションを自分で立てるように指導する。定期的に実習日記を提出するという形で、実習生の考え方を表にする。それは指導方案の調整や実習評価の根拠となる。それと同時に多次元の考察点を作り、実習過程の証拠を集めて評価の根拠にする。例えば、教育指導案で自分が教学設計の流れを把握したこと、実例で自分がクラスの一般的な衝突事件を処理できること、宿題へのコメントで自分の学生たちとのコミュニケーション力などを証明する。評価の考察点は学習内容であり、考察方式は学習方式である。このような方案をもって、実習教師の学習行動、省察、指導をつなぎ、学習の過程と評価を一つにし、多元的な主体を統合する。

4.2　実習指導教師の指導課程に対する考察の欠如

有名なアメリカの学者ポズナーは教師という分野の発展について、一つの公式を示した。すなわち「教師という専門分野の発展」＝「経験」＋「省察」というものである。実習教師にとって、この公式を更に「実習教師の専門分野の発展＝試行錯誤（実践×省察）＋有効的な指導」に展開すべきである。実習スタートから、実習生は今まで体験したことがない考え方と行動を構築する。したがって、彼らはよく指導教師を手本にする。指導教師は実習生の実践の手ほどきをする先生になる。しかし、実習指導教師はどのように教育実践をするか、彼らの教育観は何、その教育観は教育行動と合致しているかどうか、教師としての信念、教学の方法をどのように実習生に教えるかなどのことを考察する必要がある。指導教師の理論は必ず合理的で、信憑性があるものではない。彼らの教育実践の中でも、実習生と同じような問題、矛盾、困惑がある。彼らの行動も教育原則に合わせ、基準に合うものにするように研修を受ける必要がある。

4.3　実習指導教師の選択、トレーニング、人事管理制度

実習生の成長において、有効な指導は非常に重要である。特に、小中学

校の指導教員は重要な教育者、案内人、模範者、支持者であるべきである。小中学校の指導教員としてよい専門資格を有し、指導実習教師になる志向を持ち、指導ができ、継続的に実習教師を育成する動機があるはずである。したがって、実習指導教師の選択制度、トレーニング制度、人事管理制度を築き、実習指導教師の資格の標準を決め、専門に関する素質、責任感が強い教師を指導教師とする。その同時に、指導教師がそれとふさわしいトレーニングを受ける。なぜかというと、「教学」自体とと「教学を教えること」はまだ、別のものであるからである。それゆえ実習生の特徴に即して「教学」を教えることをさらに入念に計画する必要がある。その同時に、大学と小中学校も、職種、称号、待遇など面から共同の仕組みを作って教師教育に従事することを激励するべきである。

注
1 馬雲鵬、解書、趙冬臣、李業平 (2008)、「小学校教育本科専門養成モデルの探究」『高等教育研究』29巻4号、pp.73-78
2 Feiman-Nemser, S. (1990), "Teacher preparation: Structural and conceptual alternatives", In W. R. Houston (Ed.), *Handbook of research on teacher education*, New York: Macmillan, New York, pp.212-233.
3 呂立傑、鄭曉宇 (2008)、「実習教師「現実のショック」の表現と分析」外国教育研究、2008(9)、p.9
4 Grossman, P. Jammerness, K. and McDonald, M.(2009), "Redefining Teaching, Re-imagining Teacher Education", *Teachers and Teaching : Theory and Practice*, 15(2).
5 岩田康之 (2009)「日本の教師教育における体験と省察」『東北師範大学報』2009(2)、p.156

第 7 章

中学数学の教育実習カリキュラムとその実施

李 淑文

はじめに

　21 世紀に入る頃から、中国では新しい基礎教育数学課程の改革が始まった。今回の改革は、数学の教学目標、教学の内容、教学の方式、評価などの各方面で行われ、中学校の在職数学教員の教学に新たな挑戦を与えた。教育革新が成功できるかどうかのキーポイントは教員である。どんなに良い教育教学理念であっても、教員が本当に理解できて、教学行為に変えることがなければ、その役割は果たされない。そのため、基礎教育の数学課程革新に適応する数学教員の養成は最も注目されており、それは大学の師範類における数学教育課程改革の動因になる。

　基礎教育改革のブームが盛り上がった時をきっかけに、中国の国務院弁公 2007 年 7 月 9 日に『教育部直属師範大学師範生無料教育実施方法（試行）の通知』[1] が公布された。その内容により、中国教育部直属の六師範大学は初めて無料師範生を募集することになった。その、無料師範生教育を実施する目的は「数多い優秀な教員を養成すること。すなわち教育専門家が学校を作ることを提唱すること、より多い優れた若者が教育に従事することを励ますこと」ということである。この重要な措置は、21 世紀の中国の教育改革に深い影響を与えた。また、大学師範類の教師教育に時代への挑戦と新たな要求を出した。社会の変革がどんどん進んでいる中で、優秀な教員は何か特徴を持っているのか。また、その特徴によって、どうすると無料師範生の養成モデルを探索することができるのか。それは、師範大学として、深く研究する価値のある課題になった。

　東北師範大学は中国における師範生の無料教育の実施をきっかけに、人

材育成の質を全面的に向上することを目標として、専門、課程の構築、教員の成長に重点を置き、系統的に本科教育教学の革新を行い、「教育見習、模擬教学、現地実習、実践省察」の実践教学課程システムを構築して師範生の教育実践能力を向上することになった。

1　数学科師範生の養成企画

　東北師範大学数学と統計学部（数学与統計学院）は、学校教育教学改革の基本精神に基づいて、数学と応用数学の学科課程計画（師範類）[2]を作った。その目標は、「徳智体美の全面的発展を遂げ、みんなの手本となり、優れた数学素養と堅実な数学理論基礎を備え、革新意識と開拓精神および比較的強い教学実践能力と自主学習能力を持ち、社会の発展に適応する中等数学教学と研究、教育管理と高素質専門化の教職員を育成する」ということである。養成の要求は以下五点になる。

(1) 資格に会う公民としての基本意識、道徳素養、実際の状況に基づいて真実を求め精神、思考の独立性を持ち、勇気を持って革新し、国の繁盛と人類・社会の進歩の為に貢献する意識を持つこと。

(2) 数学（科学）の基本概念、基礎理論、基礎知識と基本技能を身につけ、堅実な数学基礎を備え、厳格な科学的思考の訓練を受け、数学の科学的思考法を身につけ、該博な自然科学と人文科学の知識を持ち、各情報を自主的に判断する意識と総合的解決能力を有すること。

(3) 教育基礎理論と現代教育技能を身につけ、教員としての基本素養と技能を備え、国家国語委員会の規定による標準語の基準に達し、素質教育を実施する意識と能力を持ち、中学生の革新意識と創造力を育成する能力があり、数学と応用数学および多様な科学手段と方法によって、情報を獲得・解析・評価・管理して創造性を持ち、確実に実際の問題を分析して解決すること。

(4) 少なくとも一つの外国語を使え、自分の意見を明確に表すこと。

(5) 良好な健康意識を持ち、健康な心身を保つ手段と方法を身につけ、健康な体と良好な心理素質を有すること。

　以上の養成目標と要求に達するため、数学学科の師範生は学期内に最低154 単位を取得しなければならない。そのうち、一般教育課程は最低 44 単位を取るべきとされている（一般教育必修課程は 34 単位、一般教育選択課程は最低 10 単位）。専門教育課程は最低 81 単位を修得しなければならない（専門教育基礎課程は 28 単位、専門教育主要課程は 38 単位、専門教育シリーズ課程は最低 15 単位）。また、教員職業教育課程は最低 25 単位を修得しなければならない（教員職業教育課程の必修部分は 19 単位、教員職業教育課程選択部分は最低 6 単位）。そして卒業論文は 4 単位である。教員職業教育課程の設置と単位の配分は［表 1］のとおりである。
　［表 1］にあるように、教員職業教育課程において、数学学科の教育理論必修課程は「中学校数学課程と教学論（2 単位）」と「中学校数学課程標準と教材研究（2 単位）」を含む。学科教育技能必修課程は「情報技術が数学教学の応用（1 単位）」と「中学校数学マイクロティーチンク（1 単位）」を含む。教育実践類課程は「教育見習（1 単位）」「教育実習（5 単位）」「教育調査（1 単位）」を包括している。
　「中学校数学課程と教学論」の授業開始時間は大学三年生の秋学期である。主に、中学校数学課程の基本理論と中学校数学教学の基本理論を包括する。課程の学習を通して、学生は系統的に中学校数学課程と教学の基本理論を学び、数学教育の特別な規律を理解し、その上、理論を使って中学校数学の教学実践を指導する。それによって、学生の数学教材の分析能力、数学教学能力と数学教育研究能力を高めることができる。新世紀に高素質の中学校数学教員を育成する要求に応じるための土台を作る。
　「中学校数学課程標準と教材研究」の授業開始時間は大学三年生の秋学期である。主に、中学校数学課程標準の説明と中学校数学教材の分析が含まれる。学生は課程の学習を通して、数学課程標準の基本理念を学び、中学校数学課程の目標と内容が深く理解できて、中学校数学教材の基本構成、中学校数学の各内容の間のつながりを学ぶ。教育実習かつ将来、数学教学

表1 教育職業教育課程の設置と単位配分

課程の分類別		課程の名称	単位	備考欄
教育理論類課程	共通教育理論課程	教員学と教学論	2	必修
		学校教育心理学	2	必修
		青少年心理学	1	必修
		教育社会学特別講座	1	選択
		教育哲学特別講座	1	選択
		学校管理特別講座	1	選択
		中外教育史特別講座	1	選択
		課程設計と開発	1	選択
	学科教育理論課程	中学校数学課程と教学論	2	必修
		中学校数学課程標準と教材研究	2	必修
		数学史	2	選択
教育技能類課程	共通教育技能課程	教育研究方法	1	必修
		現代教育技術	1	必修
		教員職業技能訓練	1	必修
		教室での管理	1	選択
		学校心理カウンセリング	1	選択
		担任教員の仕事	1	選択
	学科教育技能課程	中学校数学マイクロティーチング	1	必修
		情報技術の数学教学への応用	1	必修
		数学教育研究方法	1	選択
教育実践類課程	教育実習	教育実習	5	必修
	教育見習	教育見習	1	必修
	教育調査	教育調査	1	選択

に従事するため必要な基礎を造る。

「情報技術の数学教学への応用」の授業開始時間は大学三年生の春学期である。学生は情報技術を数学教育に応用する概況と教育教学情報技術に対する要求を理解する。コンピューターが教学技術に対する補助作用と教育用コースウェアの開発流れを理解する。中学校数学教学の特徴を利用してメディア素材を集め・加工・創造する。動的幾何学ソフトの使い方を身につけ、動的幾何学ソフトで教育用コースウェアを作り、数学の教学思想

を動的に示す。

2. 数学学科師範生の教育実践課程とその実施

東北師範大学は師範生により多くの教育実習機会を与え、教育実習の効果を高めるため、「教育見習、模擬教学、現地実習、実践省察」の実践教学課程システムを構築している。その中には、教育見習（1週間）、マイクロティーチング（8週間）、集中的な教育実習（8週間）、教育実践省察（1週間）である。

2.1 教育見習

教育見習とは学生が小中学校で教育教学実践の観察を行い、教育教学活動を全体的に体験する教育活動である。基礎教育の現状と基礎教育教学の一般的な規律の理解を目的に、マイクロティーチングと集中的な教育実習に入るための土台を作る。

教育見習の時間は大学三年生の春学期、4月の第3週から始まり、見習時間は1週間、場所は長春市内の中学校である。

数学と統計学部で、2015年春学期に教育見習に参加する学生は171人である。学校および学部の見習配分企画によって、9組になり、1組につき19人であり、各組は1人の数学教育専門あるいは数学専門の指導教員を命じて、学生とともに見習の学校へ行く。

学生が見習学校に入った後、見習学校の手配によって、異なる学級とクラスに配分される。学生は見習のクラスで授業を聴き、見習クラスの担任教員の授業とクラス管理のやり方を観察し、見習学校での集団的な授業準備、教育研究活動と学生活動に参加する。

見習期間に、各学生は少なくとも10授業時限の数学科の授業を受ける。数学科を受ける時に、学生にとって、聴くだけではなく、目で授業者の言葉と表情を細かく観察して、教学の各キーポイントと教学方法を記録する。

授業者と学生の動きの両方ともを注意しなければならない。授業者の数学教材に対する研究、重点、難問の解決方法、授業方法と学習方法の設計、教学基本能力の示し方を見る。学生の授業での表現、参加度を観察して聴講記録欄に記入する。

　教育見習が終わった後、学生は10授業時限の聴講記録と3,000字の教育見習まとめを提出する。指導教員は学生の見習期間内の態度によって、学生の教育見習生成績は優秀、良好、中等、合格、不合格の五つに分けられる。教育見習の成績は学生の実習成績の10％を占め、「合格」を取る学生が集中的な教育見習に入る資格がもらえる。以下［表2］は見習学生の聴講記録の一例である。

2.2　マイクロティーチング（模擬教学）

　マイクロティーチングは学生に対する数学教学技能をトレーニングする実践活動である。マイクロティーチングの目的は、学生が系統的に数学授業教学に関する各不可欠な教学技能（言語技能、導入技能、解説技能、質問技能と板書技能）を身につけ、学生を助けて中学校の数学教学の一般的なモデルやよく使う教学方法と技巧を中学校数学教学実践に運用する。そして中学校数学教学の全過程と規律を理解し、教育理論的知識を内面化して実践的知識とする。さらに学生の数学教学能力を高め、教育実習のための基礎を造るものである。

　マイクロティーチングの開始時間は大学三年生の春学期であり、8週間をかける。学部学生の18人～20人が1組となり、各組が1人の数学教育専門の教員を指導教員とする。マイクロティーチングの実践活動は一般的に以下の幾つかのステップに分けられる。

(1)　解説・展示技能。教員は文字、ビデオあるいは実際に役を演じるなど方法によって、数学技能を解説して示すこと。
(2)　マイクロティーチングの展示。学生は適当な中学校数学教学の内容を選んで、教学目標によって教学設計を行い、比較的詳しい教案を

表2　学生の聴講記録

科目	数学	課題	二等辺三角形の性質	授業教員	
クラス	八（七）	聴講時間	2012年4月21日第2授業時限（水曜日）	備考欄	

教学内容	一、回顧 質問：線対称な図形の定義、垂直二等分線の定義、性質、判断。 二、新たな授業 教材のp.49を開けてください。教材における探求の部分を完成する。 　1) 生徒の完成状況をチェックする； 　2) 教員は口頭で探求の過程を解説する； 　3) 質問：折り返した後、何かができる？（図1） △ABD≌△ACD AB=CD ∠B=∠C BD=CD ∠1=∠2 ∠ADB=∠ADC=90° AB=CD から△ABCは二等辺三角形を引き出す ∠B=∠C なので、二等辺三角形の底角は等しい性質を引き出す BD=CD から AD は底辺の二等分線、直線 AD は線分 BC の対称軸を引き出す ∠1=∠2 から AD は頂角の二等分線、直線 AD は∠BAC の対称軸を引き出す。 ∠ADB=∠ADC=90° から AD は底辺の高さを引き出す。 最後、二等辺三角形は「三線が一線となる」の性質ができた。 板書　性質1：辺が等しいと角が等しい。 　　　性質2：三線が一線となる。 「三線が一線となる」の「三線」は頂角の二等分線、底辺の中線、底辺の高さ。反例を挙げる。底角の二等分線を折った、二等辺三角形のほかの辺の「三線」が結合できない。 　教員は生徒が既知であり、証明を書くことを引き出した後、三つの補助線を使って「性質1」を証明する 生徒三人が教壇に来て板書を書く。教員は簡単に評価する。重点に補助線を使う証明方法を解説する。 　4)「性質2」を証明する。 教員は口頭で証明の過程を解説する。 三、例題の解説 既知：図2、△ABCにおいて、AB=AC、AD⊥BCの垂直点はD。 証明：BE=CE。 教員は黒板で重要なステップを簡単に書き、二回で三角形の合同を証明、一回で三角形の合同を証明、三角形の合同を証明しなくても結果が出ってくる三つの方法を分析する。「性質2」を利用して証明方法を強調する。 四、組を作って練習する 生徒が四人一組で問題集の6題を練習する 五、課程のまとめ 生徒が今回の授業内容についてまとめる 六、宿題 毎課一練 pp.39-40	質問を通して知識を復習する。生徒が知識を身につけたかどうかをチェックする。一部の生徒の知識がまだ身につかない。(6分)。 探求任務も生徒に分配された。現在、生徒自身でまとめと分析をする。自分で解説する方がいいと思う (13分)。 質問を出す生徒が少ない。質問が全部答えできる。一部の生徒の目から、授業のスピードが早すぎるということを感じた。基礎力のよくない生徒に答えさせる方がいい。そのような生徒が間違えるかもしれないので、有意義だと思う。 証明は生徒を呼んで行うことができる (5分)。 このクラスの生徒の基礎力は普通だ。証明するとき、板書があったら一番いいと思う。(3分)。 例題は生徒自身でしてもいい。もっと多い例題を作って、二等辺三角形の異なる状況を挙げて、生徒に証明させる。組によって、解説する。生徒の自主能力を促進するだけではなく、一を聞いて十を知る状態になる。(7分)。 組で例題をするとき、毎組で集中力足りない生徒がいる (8分)。 (2分) (1分)

図1：△ABC（頂点A、底辺BC、点Dが底辺上、∠1と∠2が頂角）

図2：△ABC（頂点A、底辺BC、点Dが底辺上、点Eが内部）

聴講の分析と意見	一、授業中の探求の部分は主に生徒が完成する。生徒は能動性を発揮している。線対称、合同三角形の知識を利用して二等辺三角形の質の探求を完成する。それによって、知識を身につけ、学生が軸対称は効果的な工具であることを認識した。 二、生徒が折った図によって、二等辺三角形「三線が一線となる」の性質を引き出す。この過程は自然に受け取りやすい。反例も、わかりやすくて、生徒にとって、二等辺三角形の質の理解も深くなる。 三、性質1の証明において、三つの補助線の使い方を解説し、高さ線の添加方法を重点に解説する。 五、例題は内容の全面性を考察して、三つの証明方法を一歩一歩進んで説明する。生徒に証明の過程を通して三角形の合同の省略を直感的に理解させる。例題の解説を通して、前に勉強した知識を復習することができて、新たな知識が深い理解できた。 六、今回の授業は自然的につながり、内容がちょうどいい、授業をするとき、生徒にもっと時間を与えたほうがいいと思う。

つくってすでに身につけた教学技能を使って授業をする。マイクロティーチングの授業において、学生は授業の一部を教え、1～2個の教学技能を練習する。練習時間は技能の要求によって決める。一般的には、10～15分ぐらいである。

(3) マイクロティーチングのビデオを撮る。学生のマイクロティーチングのビデオを撮る。
(4) 自分で分析する。ビデオを見ることによって、学生は自分が設定した目標に達したどうか、数学教学技能を身につけたかどうか、ほかの教学問題があるかどうかを判断して、解決の方向を理解する。
(5) 討論評価。教員と学生とともに、各自の立場から授業の過程を評価して長所と存在する問題をまとめ、努力の方向を指摘する。

2.3 集中的な教育実習

　本科師範生の養成計画に沿って、本科師範生は大学四年生の秋学期に集中的な教育実習を行う。教育実習は師範生の素質と技能を高める重要なルートである。学生は理論と実際をつなげ、問題を解決する能力を養成・訓練する。学生は理論の理解の上で実際の知識を学ぶ。それによって、教員として実際的な知識と能力が得られる。教職に従事する適応期間を縮め、今後、入職のため、土台をつくる。教育実習は教室での授業、担任教員の仕事および教育調査を含む。

(1) 教室での教学実習
　各師範生は双方の教員の（大学教員と中学校教員）指導のもとに、少なくとも6個の異なる教室での教案を完成する。実習生が授業を教える前、真剣に授業を準備して教案を書き、授業を試行する。この試行に合格できれば、指導教員のサインをもらったあと実際の授業に臨む。授業が終わったあと、双方の指導教員は実習生の授業における長所と短所を指摘する。実習生がお互いに授業を聴講することを励まし、長短を補い合う。
(2) 実習担任教員の仕事

実習生は実習校の元担任教員の指導のもとに、クラスの生徒と深くて広い交流を行い、クラス内の状況を把握して、元担任教員とともにクラス管理をする。その上に、独自にクラス会を組み立てる。
　(3)　教育調査
　教育調査として、実習生は中学校の学生、教員、管理、教育教学改革などの問題について特別調査を行い（調査テーマは自分で決める）、調査報告を書き、討議することが求められている。調査を通じて、学生は教育調査研究の基本内容、方法と手段を身につけ、将来、教育科学研究に従事するための基礎を造る。

　2007年12月に東北師範大学と東北三省（吉林・黒竜江・遼寧）の教育庁それぞれ契約を締結して、「教師教育革新東北実験区」を構築している。実験区にいくつかの中学校を選んで実習校とする。実習校は東北師範大学の学生に場所を提供し、東北師範大学は実習指導経験が豊かな教員を派遣する。実習校において、高レベルの学科教員とともに、学科教学指導、担任教員としての指導、学校活動の指導を行う。
　筆者は2014年9月5日から10月30日まで指導教員として19人の学生を連れて吉林省輝南第一中学校へ行って教育実習を行った。輝南県第一中学校は吉林省東南部の通化市輝南県にあり、輝南県県城の独立中学校である。学校は1952年に創立され、省級の重点中学校である。49個のクラスがあり、在校生は2,755人、職員は195人である。
　輝南第一中学校で教育実習を行う学生の内訳は、文学部3人、外国語学部5人、生物科学部3人、化学部3人と数学部5人から構成されている。彼らの飲食、宿泊は輝南第一中学校の食堂と寮で行う。実習生たちは中学校一年と二年に分配されて教学実習をする。開始から実習が終わるまで、8週間かかり、その間に各実習生は平均で23授業時限の授業を聴講し、7.68授業時限の新たな授業を行い、8.42授業時限の問題集を解き、1,000枚の宿題と試験問題を直し、10回のクラス会を主催している。
　数学学部の馬炳清さんはクラス内の生徒たちの自信が不足している問題について、「一八歳の空」をテーマとするクラス会を主催した。目的は、

クラスにおいて、自己表現があまり好きではない生徒にその機会を与え、自分に自信を持たせることである。クラス会では詩をうたい、歌をうたうなどの方式で行った。それ以外に、自分の悩み、将来の目標と夢を自由に述べて、想像以上の効果ができた。

　また、実習生は中学生の心理健康の問題について、中学校一年生の 11 のクラスの一部の生徒を対象にアンケート調査を行い、253 枚のアンケート調査表が配布され、212 枚が回収された。調査によると、一部の中学生には心理健康上の問題があることがわかった。例えば、(1) 勉強のストレスがたまりすぎて、鬱傾向などの精神的な病を招き、食欲不振、眠れない、記憶力の低下、頭の回転が遅いなどの問題があること、(2) 試験のときに慌て、特に重要な試験直前に不安と焦りがさらに強いこと、(3) 教員の生徒に対する不理解、不信任のために、生徒の対抗意識を生み出すこと。また、教員の認知バイアスなどによって、生徒に抑圧感や攻撃的な行為が出現したこと、(4) 生徒間の人間関係の問題、(5) 親との問題。などがある。教員として、中学生の心理健康を重視し、普通に生徒に関心を持って、気にかけ、理解して愛情を注ぐことは重要である。生徒たちが人生という道で問題や困難に遭うとき、生徒を助けて難問を克服させ、社会生活に適応させて人間関係をうまくいかせ、心身が健康で全面的発展する人材にすることが教員の役割である。

2.4　実践の省察

　実践の省察には実習中の省察と実践後の省察とが含まれる。実習中の省察は主に、授業聴講や、授業実習の試み、その授業後の考えを含む。通常は省察日記を書く。日記の内容は、授業中に考えたこと、感じたこと、知ったこと、やったことに加え、それらについての原因と省察を書き、それによって、結論を導く。以下は、ある実習生が『命題、定理、証明』をテーマとして、授業を終えた後の省察日記である。

　　　　今回の授業『命題、定理、証明（第一授業時限）』を教えた。授業

が終わった後、授業準備の不足、授業の精巧さの不足など、細かいところがまだ不十分だと思う。

今回の授業は、知識が多いけれど難しくはない。命題の概念、命題の構成及び命題の真偽を含む。教学の目標は (1) 命題の概念及び命題の構成（もし…なら…の形式）、(2) 真命題と偽命題を理解する、の二つで、教学の重点は命題の構成の理解だ。

今回の授業は三つの活動を設けた。活動一、命題の概念を解説すること。活動二、提携と交流によって命題の構成を探求すること。活動三、本を読んで、真の命題と偽の命題を捉えること。

活動一と活動三の教学効果がいい。生徒はだいたい概念を理解した。活動二、ある命題を「もし…なら…」の形式に変え、組で交流した。生徒が話し合った後、もう大丈夫だと思ったので、この問題をそのままにした。しかし、教学のフィードバックから見れば、疑問を持っている生徒がまだいたようである。生徒の提携交流は形式張っていた。例えば、ある生徒は質問と結論の関係がそんなに明確ではなく、命題を間違えた。「対頂角が等しい」を「もし…なら…」の形式に変えると「もし対頂角なら、等しい」というような間違があった。それは、生徒の言語知識が足りないからだ。教員は教学のとき生徒に助言をすればいいと思う。「もし…なら…」の形式に変えるとき、すこし言葉を補充してもいい。元の意味を変えない、といったように。

組で協力して勉強することは重要な学習方法だ。それは生徒それぞれの違がある中で、教員の教学によって不足が補助できるからである。そうすることは、生徒の競争意識と協力精神の育成に有利である。しかしながら、生徒の思考の独立性は協力学習の基礎である。生徒は自分自身で考えた後、効果的な連携交流が実現できる。それではないと、連携交流は形式張ったものになる。連携交流を行った後、難問に対する解説も不可欠な部分だと思う。

実習後の省察は実習が終わった後一週間以内にまとめを行うものである。個人まとめと省察の上で、組で交流して学部がまとめ大会を催す。こ

の二ヶ月の教育実習経験をまとめ、自分の不足と今後の教育実習に対する意見を表す。実習まとめのレポートは 3,000 字ぐらいである。

3. 中学校数学教育実習課程と実習中の問題

3.1 高等教育の数学と中等教育の数学との関係

　中国における師範大学の数学専門の師範生の養成企画は基本的に、旧ソ連のモデルを使っている。総合大学の基本課程に心理学、教育学、数学教学法などが入っている。課程の設置において、一部の師範大学では数学専門家（あるいは専門数学従事者）数学課程と数学教員を育成する数学課程を区別していない。総合大学の数学課程構成を模倣して数学専門の学術性を追求する。数学のレベルと教員の数学教学レベルは同じであると思い、数学教員の専門性を無視している。

　また、一部の課程の内容は数学知識システムの厳密性と完全性を追求するため、高等数学と中等学校の数学、数学と日常生活、数学と他の学科のつながりなどを無視している。それゆえ多くの学生は大学で数学を勉強する意味や、中学校数学にどのような指導作用があるかがよくわからない。したがって、中には数学の学習に自主性と積極性を持たない者がいる。

　むろん、系統的な高等数学の学習は教員となる者にとっての基礎である。それは教員の、中学校数学の内容に対する理解度を決定づけ、中学校数学の全面的認識（数学内容の実質とその教育価値などの方面を包括）に影響を与える。特に、新たな数学課程においては、中学生に数学内容をより深く理解させ、一定の現代数学、数学文化など内容が入った。それは、教員の数学レベルに対するもっと高い要求を与える。従って、高等数学の内容は中学校数学に対して不可欠な部分である。

　ここで注意をすべきものは、数学レベルと数学教学レベルは等しくないということである。中学校数学教員として、学科知識を持つだけではなく、教育理論的知識、教学実践的知識と文化的知識を持つべきである。数学教員の学科知識は精深であるだけではなく、広くて厚いものである。精深と

は自分が教える学科知識をよく知っていて、学科の基礎知識、技能を深く確実にこなしていて、それに関係がある技能を身につけるというものである。仕組みがはっきりして、内容が整っていて、構成が正しい学科知識システムを有することである。広くて厚いとは学科の発展と理論の流れをよく知っていて、学科知識の歴史や、知識相互の関連や全体知識システムの枠をよく理解していることである。また、学科知識の一般と特徴な思惟の構成と方法をよく知っていて、概念と理論の中に隠された学科の思想と科学的価値、および人を育成することに対する意義を明らかにすることでもある。

従って、師範大学数学専門師範生の養成企画と課程設置は数学専門家(数学従事者)の課程と同じではない。高等数学と中学校数学の関係をうまく処理するのみならず、学術性、師範性を同時に考え、数学教育「ダブル専門」の特徴との結合点を見つけ、教員となる者の数学素養と数学教学レベルを高めることが課題である。

3.2 実習指導教員の数と資格の問題

東北師範大学は教育実習の間に、「ダブル指導教員制度」(大学指導教員と実習校の指導教員)を実行している。大学指導教員は教育理論と教学内容を指導する。実習校の指導教員は教学実践とクラス管理から指導を行う。両者は相互補助である。これは実習の質を高める上では非常に役に立つが、少し問題が残っている。

まず、大学が実習指導教員を決めることにおいて、一定の基準がない。数とも質とも、実習指導教員たちに保障を与えない。例えば、数学と統計学部には、毎年およそ、170人の実習生がいる。もし、15人〜20人で1組となると、各組に1人の大学指導教員を指名し、毎年約10人の大学指導教員が必要となる。しかし、現在、学部には5人の学科教育教員しかいない。これら5人の学科教育教員がすべて教育実習指導教員となっても、数はまだ足りない。そこで学科専門教員は実習指導教員として派遣されることになるが、学科専門教員は指導教育実習が自分の科学研究によって役

に立たないと思い、また二ヶ月ぐらい実習校に住むしかないこともあって、多くの学科専門教員は実習指導教員になりたくない。学部は教育実習の任務を完成するために、若手教員から「交替派遣」をする以外に仕方がないが、新卒教員として、自分自身の教学経験が不足しているので、実習生を指導すると、その指導の作用が果たされない。学科専門教員が、実習生に教育理論と教学方法が指導できるかどうか、真剣に考えるべき問題である。

　次に、実習校の指導教員の一部が新卒の大学生であり、教学経験も不足しているという問題がある。ある部分の教員は教学経験が豊かであるけれども、教育理念が古いので、実習生の教育実習の質が保障できない。その他にも、指導中に、一部の教員が学生の能力を過大評価して、あまり指導しない。また、一部の教員は自分の教学任務が重いので、学生を指導する時間がない。一部の担任教員は実習生がクラスの状況をよく分からないと思い、実習生に心配し、実習生にクラス管理の参与機会を与えない。こうした問題ゆえ、教育実習指導は形式張ったものになり、実習生の実践能力を向上することができない。

　寺岡英男[3]は「指導教員の素質と能力は実習生の教学能力の向上、教育観の形成に対して非常に重要な影響を与える」と述べている。従って、教育実習の質を高めるため、実習指導教員の標準を設定し、健全な実習指導教員陣を構築し、実習指導教員に相応的な訓練を与えることが非常に重要である。

注
1　国務院弁公庁(2007)、『教育部直属師範大学師範生無料教育実施方法（試行）通知』
2　東北師範大学(2007)、数学与統計学院本科課程計画
3　寺岡英男(2006)、「教師教育改革の試みと課題――学校を拠点に教育の協働実践力を培う――」東京学芸大学教員養成カリキュラム開発研究センター編『教師教育改革のゆくえ――現状・課題・提言――』創風社、pp.109-110

第 8 章

中学化学の教育実習カリキュラムとその実施

王 秀紅

はじめに

　東北師範大学は非師範類（普通化学専門）および師範類（化学教育専門）の両者を設置している。普通化学専門は化学および化学に関する領域で科学研究、教学、応用開発と管理に従事できる高素質の化学専門人材を育成することを目的とする。化学教育専門は中学校での化学教学と化学教学研究に携わる高素質の中等学校の化学教員を育成することに重視する。

1.　大学における化学教育専門養成目標と課程体系

1.1　化学教育専門の養成目標

　本専門は公民意識と社会責任感を持って「徳智体美」全面的に発展し、革新精神を持って実践能力の素質の高い、中等学校の化学教員（中等学校の化学教学と化学教学研究に堪えられる教員）を育成する。具体的要求は以下の通りである。
(1)　着実な化学理論知識と実験能力を系統的に身に付けること。
(2)　多様な手段や方法を総合的に運用し、問題を提出・分析・解決する能力を持つこと。
(3)　高尚な教員としての職業情操を持ち、教職に楽しんで従事すること。
(4)　教育についての基本知識、理論と教学技能を有し、教育実践能力および教育革新意識と能力を有すること。
(5)　化学教育研究の一般的な過程と方法、および化学教育の研究論文の

書き方を理解すること。
(6) 豊かな知識、広い視野と集団協力、グループ織協力能力を持ちこと。
(7) 現代情報技術を身につけ、関連の情報をもらう基本方法をマスターすること。
(8) 少なくとも一つの外国語を使って有効的に自分の考えを表し、コミュニケーションする能力を持つこと。

1.2　化学教育課程の設置

　本専門の標準学制は4年、修業年限は3～5年である。在学期間に最低150単位を取らなければならない。課程は主に、教養教育課程（45単位）、専門教育課程（85単位）、発展方法課程（20単位）の三つの部分から構成されている。教養教育課程は全学すべての専門を持つ学生向けのものなので、個々で改めて論じることはしない。化学教育専門として特徴を持つ課程は主に専門教育課程と発展方向課程である。これらは理科基礎課程、化学専門基礎課程および化学教育課程を包括する。

(1) 理科基礎課程

　理科基礎課程は主に生命科学、物理化学および普通化学課程を含み、計13単位である。化学師範生に自然科学の全体認識を建てさせ、科学の基

表1　理科基礎課程

課程類別	課程名称	単位	総授業時数	実践授業時数	履修学期	備考	
理科基礎	生命科学入門	3	54		1	選択科目3単位	13単位
	生態学入門	3	54		2		
	環境学	3	54		2		
	普通物理B：力学	2	36	6	2	10単位	
	普通物理B：熱学	1	18	3	2		
	普通物理B：電磁学	2	36	6	2		
	普通物理B：光学	1	18	3	2		
	大学物理実験	1	36	36	2		
	化学概論A	3	54		1		

本概念を身につけて、科学全体の背景に化学科学を理解させるものである［表 1］。

(2) 化学基礎課程

化学基礎課程は化学理論課程と化学実験課程を含み、合計 42 単位である［表 2］。例えば、『有機化学』『結構化学』『物理化学』および『無機化学』など化学理論を中心としており相応的な実験課程を包括する。主に師範生に化学学科の基本概念と理論を身につけさせ、化学研究の基本方法と思想をとらえて、化学教員として堅実な学科基礎を形成して「化学教育」中の「化学」問題を解決することを目的とする。

表 2　化学基礎課程

課程類別	課程名称	単位	総授業時数	実践授業時数	履修学期	備考
化学理論課程	有機化学 (I)	3	54		2	18 単位
	有機化学 (II)	3	54		3	
	結構化学	3	54		3	
	物理化学 (I)	3	54		4	
	物理化学 (II)	3	54		5	
	無機化学	3	54		6	
専門実験課程	分析化学	3	54		1	24 単位
	普通化学実験 (I)	1.5	48	48	2	
	普通化学実験 (II)	2	64	64	3	
	機器分析実験	1	32	32	4	
	機器分析	3	54		4	
	合成化学実験	2.5	80	80	4	
	総合化学実験	3.5	112	112	5	
	高分子科学	3	54		5	
	物理化学実験 (I)	1	32	32	5	
	物理化学実験 (II)	1	32	32	6	
	化学工業基礎	1.5	27		6	
	化学工業基礎実験	1	32	32	6	

表3　化学教育理論課程

課程類別	課程名称	単位	総授業時数	授業時数	履修学期
化学教育教学理論	化学課程と教学論	2	36	8	5
	中学校の化学学科の理解	2	36		8
	化学教材分析と教学設計	1	18	10	6
	化学教育研究方法	2	36	12	8

(3) 化学教育課程

　化学教育課程は化学教育教学理論課程および化学教育実践課程を含み、「発展方向課程」に属し、ともに17単位である。化学教育教学理論課程は[表3]のとおりである。師範生に高校化学教育の現状と発展の趨勢を理解させ、高校化学教育教学の基本理念を持って、高校化学課程の基本内容と結構を身につけ、教学設計を学び、高校化学教学の一般原則と方法をうまくこなす。化学教育実践課程およびその実施は後に重点としてはっきり述べる。このような課程は主に「化学教育」中の「教育」という問題を解決する。

2.　化学教育実践課程の設置および実施

　大学における化学教育実践課程は校内実践課程と校外実践課程に分けられる。課程名称および単位の配分は［図1］に示す通りである。

2.1　校内教育教学実践課程

(1)「高校化学実験研究」

　「高校化学実験研究」は化学教育専門の必修課程である。第6学期（三年次後期）に開催され、1単位、合計36授業時限である。この課程の学習を通して、学生は高校の化学実験における研究内容を理解し、高校化学実験研究の基本原理と方法を身に付け、実験研究意識と革新精神を養う。課程内容は八つの実験の中から選択する形となっており（実験1：火と水

図1 化学教育実践課程の体系

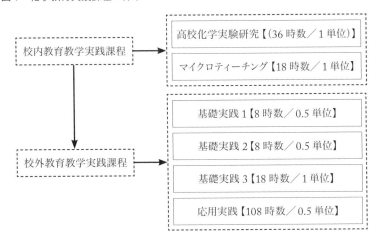

に関する一連の実験、実験2：実験器具の手持ち技術、実験3：アンモニアが触媒酸化を通して硝酸を作り出す実験、実験4：水酸化アルミニウムの作り方。実験5：過酸化水素の分解と影響の実験、実験6：木炭から酸化銅を還元する実験、実験7：過酸化ナトリウムと水との反応の異常現象の探究、実験8：アボガドロ定数の測定）、導入と探究というモデルを採用して授業が行われる。教員は巨視的な視点から導き、実験中の学生の積極性を重視すべく、積極的に機会を創造し、学生が自分で実験企画の設計、実験企画の執行および実験結果の討論などを完成することを促す。課内と課外の学習を結び合わせることを提唱し、特に実験後の省察を強めることに目を向ける。

(2) マイクロティーチング

「マイクロティーチング」も化学教育専門の必修課程である。教育実習の基礎課程であり、1単位、合計18授業時限で、第6学期に開設されている。学生は本課程の学習によって、授業が行えること、すなわち自ら化学の教室で授業を行って、化学教学の基本技術を身に付けること、および授業を評価すること（すなわち、教学省察を行うこと）ができるようになり、教学実践能力を伸ばすことができる。

課程の内容においては教学環境の創設、教学の流れのアレンジ、教学方式の運用、教学活動の仕組み、メディアの運用、教学技能（実験、言葉、板書など）の応用が重んじられている。実施のステップは以下のようになっている。
① 学習グループを作る。おおむね6～7人でグループを作り、毎グループに1人の化学課程教学教員を配置する。
② 役割を分担する。それぞれに三つの化学教室における役割を割り振る。「物質の分類——簡単分類方法及びその応用」「海に富む元素——C1」は必修内容であり、その他に「酸化還元現象」「鉄と鉄の化合物」「質量不変の法則」から一つを選択する。
③ 自主的に教学設計と模擬授業を行う。本課程の予備必修課程は『化学教材分析と教学設計』であるので、学生も自ら教学設計を作り、自分あるいはグループに模擬授業を準備する。
④ グループ内に模擬授業を行う。マイクロ教室に模擬教学を行い、ほかのグループメンバーも学生の役を演じて、ビデオを撮る。
⑤ 授業後の省察。授業メンバーは自身のビデオに基づいて自己省察を行い、自己の教学設計の道筋を紹介して、教学中の長所と短所を省察する。それから、他のグループメンバーは授業を評価して、授業したメンバーに自らの教学における特徴を認識させる。最後に、大学の教員が評価をしてまとめる。この課程の成績は主に教室教学、評価、即ち省察などの方面から判断する。

　　2.2　学校外基礎実習

　学校外の基礎実習の本質は教育見習（観察実習）である。師範生は小中学校に教育実践観察を行い、教育教学の実践活動を体験する。『基礎実践1』『基礎実践2』『基礎実践3』の3回に分かれている。毎回に見習の重点も違う。『基礎実践1』は第4学期（二年次後期）に開設され、0.5単位、合計8授業時限である。学生は本課程の実践を通して、学校の環境や、制度の構築および教員の仕事の一般状態を明らかにする。高校での見学を通し

て、基本状況を分かり、化学教員の仕事の状態や、生徒たちの学習の状態などを観察する。

『基礎実践2』は第5学期（三年次前期）に開設され、0.5単位、合計8授業時限である。学生は本課程の実践によって、担当教員の仕事を理解し、および生徒たちの学習についての一般的な状況を目にかける。担当教員の仕事を見学し、生徒たちと話し合い、クラス会を開催する。『基礎実践3』は第5学期に開設され、1単位、合計18授業時限である。学生は本課程の実践により、高校化学教学の基本流れを深く理解し、自分の持つ教学理論に基づいて化学教学を評価し、自らの化学教学能力を向上させる。高校で授業観察を行い、教員が行う教学内容の処理や、授業教学の行為や、生徒たちの学習行為などを観察する。

『基礎実践』の実習校については大学より、統一的に市内の高校にグループごとに割り振る形で行う。毎グループに20人学生がおり、1人の大学指導教員に連れられて全日制の実習を行う。実習中に、学生は参観日記、実践報告を書いて、実践グループで話し合う。実習の終りに、学生は総合報告を出す。大学指導教員と高校指導教員は学生の表現によって、評価を出す。師範生はそれまでの見学の過程で、学校と教学について認識もだんだん深化しており、次の段階の教育実習にとっての基礎を形成することにもなる。

『応用実践』は全学の師範類（教師教育専門）の必修実践課程である。第7学期（四年次前期）に開設され、6単位、合計108授業時限である、即ち我が学校の現地教育実習である。以下、2015年度に実施された東北師範大学化学専門教育実習（応用実践）を例として説明する。

東北師範大学の師範類では全学で統一的に実習校の手配を行う。2015年の教育実習は9月1日～10月31日の計8週間ぐらいに及んでいる。実習校は、東北師範大学教師教育革新実験区および合肥市、深圳市などの学校である。実習生は主に2012年入学の師範生と将来、教員教学に従事したい非師範生である。東北師範大学の教育実習の主要な内容は教学実習、担任教員としての実習、教育調査研究などを含む。実習生は実習校で授業観察、教学設計と授業の試み、授業と省察、担任教員としての仕事、教育

表4　教学実習の課程

夏休み末	第1週	第2週	第3週	第4週	第5週	第6週	第7週	第8週
グループ編成	集中的な授業観察		授業実習と省察				省察とまとめ	
実習準備	授業準備				クラス会			
			教育調査研究					

調査研究、実習まとめなどの活動を行っている。具体的なプログラムは[表4]に示すとおりである。以下、実際について詳述していく。

3. 教育実習の実際

3.1 実習グループの編成

化学学院の師範類学生合計76人は、吉林省、黒龍江省、遼寧省および合肥市、深圳市などの実験区にある23箇所の高校にそれぞれ実習グループに分配された。これは「混合編隊」という形式で、一つの実習グループは約20人、そのうち化学を専門とする実習生が3～4人の構成である。2015年は、化学学院の教員3人が教育実習指導に参加している。

3.2 実習準備

学校の教育実習は第6学期の末から始まる。ここで実習グループの編成を行い、実習指導教員の配当も行われる。実習指導教員と実習生の準備に便宜を図るため、実習生の激励会は学生の夏休み前に行われる。

(1) 大学実習指導教員の準備

実習指導に当たる大学教員は一連の準備を完成することが求められる。まず、実習校に連絡を取り、実習校の教育実習の手配を熟知して実習生に伝える。第2に、実習生をよく理解することである。「混合編隊」なので、実習指導教員が実習生をよく知らない可能性もあるからである。したがって、指導教員はそれぞれの実習生の学習状況や、教員としての教学能力や

道徳などの面についてよく調べ、熟知する必要がある。第3に、教育実習の制度規定を構築することが求められる。実習生は大学（学院）および実習校が定めた教育実習の規定に即することが求められる。［表5］筆者が実習指導教員として実習前の準備として行ったことの具体である。

表5　実習前の準備

1、実習のメンバーを熟知する
　　実習指導は前学期の期末から始まる。2015年7月2日に大学で実習激励会を催した。7月3日に実習グループのメンバーを集め「151高校教育実習」のSNSグループを作って、実習生に連絡を取ることとした。この実習グループは国語、数学、政治、歴史、地理、化学、生物7学科の学生を包む合計20人（男性8人、女性12人）である。
2、実習校に連絡を取る
　　7月3日～14日に、実習校に連絡を取り、実習校のリーダに本学の教育実習の基本要求を繰り返し紹介した。実習校の実習企画を話し合って実習生の学習と生活の手配などの問題について討論した。以下は学校からもらった返事である。
(1) 教育実習と担任教員としての実習は高校1年のクラスで行い、教学実習指導教員と担任教員としての実習指導教員も手配した。
(2) 各教科について、高校1学年の第一単元と第二単元の内容を準備する。授業は第二単元から始まるかもしれない。
(3) 宿泊の場所は生徒たちの寮である。
(4) 通常の授業準備は会議室で行う。
3、実習生に実習の手配を伝える。
　　実習校の状況をよく調べたあと、7月14日に第一回の実習グループ会議を行った。内容は以下の通りである。
(1) 自己紹介をする。
(2) 学校教育実習の要求を伝える。
(3) 実習校の状況を紹介する
(4) 実習中の教学と担任教員の手配を伝える
(5) 実習中の生活手配を紹介する。
(6) 生活用品と教学資料の用意について指示する。
(7) 一時限の教学設計を準備して新学期の始まりに出すことを指示する。
4、教育実習制度規定を構築する
　　実習グループに委員会を設け、班長、学習委員、生活委員、文化と体育委員、補佐などを決める。その中で、実習グループの制度規定を作成する。
(1) 安全に注意を払い、友達と共に外へ行く（単独の外出はしない）。
(2) 実習校の時間割に従う
(3) 身だしなみに注意を払い、教学中には威厳ある様態を保つ。
(4) 実習校の生徒とトラブルを起こさない
(5) 休暇については学校の制度に即する

(2) 実習生の準備

実習生たちは、教育実習に対して期待や切望の気持ちを持っているであろうが、半面ささやかな心配もあるかもしれない。したがって、自分の心理状態を調整し、心理的準備を整え、積極的に教育実習を臨むことが大切である。それと同時に、教育実習は大学から離れ、二ヶ月ぐらいほかの地域で行うので、物の準備も必要である。例えば、課程標準、教科書や補助教材などである。これらを用意した上で、教学設計、クラス会の資料、生活用品などを準備する必要がある。

3.2 授業の観察と準備

教学実習の流れは［図2］に示すようになっている。以下、それぞれについて具体的に述べる。

(1) 授業観察

授業観察（すなわち、授業を聴くこと）は、教育実習における重要な仕事である。大学の指導教員、他の実習校の教員、他の実習生の授業を聴いて、聴講記録に記入する。化学の実習生たちの実習期間中の聴講時間は平

図2　教学実習の流れ

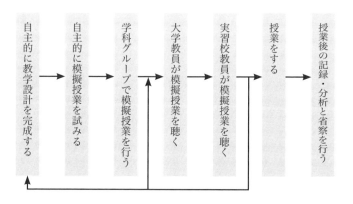

自主的に教学設計を完成する → 自主的に模擬授業を試みる → 学科グループで模擬授業を行う → 大学教員が模擬授業を聴く → 実習校教員が模擬授業を聴く → 授業をする → 授業後の記録・分析と省察を行う

均25時限に達する。聴講は教育実習の全体を貫いて行われ。聴講を通して、教育実習生は高校の数学の授業をよく理解し、指導教員が学科知識の選択を学び、学習活動の仕組みや授業管理などの能力を身につける。それによって、指導教員や生徒たちとの間に良い関係を築くことができて、今後自分で授業をするための土台をつくることになる。

(2) 授業準備

実習生たちは、課程標準や教科書、それに関連する文献を分析し、生徒のことを理解し、そして合理的な教学目標を真剣に設定する。その上で、教学活動を設計し、自主的に定めた教学設計を完成する。教学設計が終わったあと、実習生は模擬授業を試みる。まず、自分自身で授業を試みる。そのあと、同じ教科の実習生グループで模擬授業を行い、全部出来上がったら、大学指導教員を招待して模擬授業を聴いてもらい、その助言に基づいて教学設計を修正する。最後に、実習校の指導教員を招待して授業を聴いてもらい。大学指導教員と実習校指導教員のサインをもらった後、実際のクラスで授業を教えることができる。

実際の授業の前に模擬授業を行うことを通して、学生は教学設計をよく理解し、さらに授業の内容もよく分かるようになる。また、実習生の緊張した心理を解消させ、より自信を持って教壇に立つことが可能になる。実習生は模擬授業の中で、授業が不自然だったり、言葉に詰まったり、話し言葉が多かったり、余計な動作が多かったり、板書の設計がよくなかったりなどの問題を解決して、授業の質を確保する。実習生Fさんの実習日記には「今日は第二回の模擬授業をやった。前回に比べ、教学設計と授業の方式を改善したので、教員の認可を得た。しかし、まだ不足しているところがある。教員の指導のもとに一部を変えた。授業の難しさが今回の授業を通して深く感じられた」とある。

(3) 授業と省察

東北師範大学の規定により、実習生は実習校で少なくとも12時限の授業をするべきとされている。その中に、新たな教案は6個以上含む。筆者のもとで実習を行った化学専門のLさんは高校一年のクラスに分配された。Lさんの実習期間内の内容は化学Ⅰ（必修）の第二章『化学物質とそ

表6 実習生Lさんの授業内容

時間	教学内容	時間	教学内容
1	簡単分析法とその応用	7	酸化還元反応
2	分散系およびその分類	8	問題演習
3	問題演習	9	酸化剤と還元剤
4	水溶液中での電離（酸、アルカリ）	10	問題演習
5	イオン反応及び発生条件	11	テストの解説授業
6	問題演習	12	テストの解説授業

新たな授業：6時限×2＝12時限、問題演習授業：4時限×2＝8時限
テスト解説授業：2時限×2＝4時限、合計24時限
宿題の添削：58人×10回×2クラス＝1160枚
試験の採点：58人×2回×2クラス＝232枚

の変化』に関わるもので、新たな内容6時限、問題演習4時限および、2時限のテスト解説を含んでいる。彼女は二つのクラスで授業を教え、合計で授業は24時限、宿題添削は約1,160枚、試験採点は232枚となっている［表6］。

　授業が終わった後、すぐに授業後の省察を行う。教学目標の達成度、教学内容の把握状況、教学境遇の創設、教学問題の設計、教学活動の仕組み、教学方式の運用および学生の授業への参与度などから省察を行う。その上に、指導教員の評価、実習グループの研究討論と個人の省察記録とがある。

　実習校の指導教員は実習生の授業を聴き、大学の指導教員もできるだけ全ての学生の授業を聴く。授業後も実習生と話し合い、良い点を伝え、問題点と対策を討論する。教学設計、授業の試み、授業を聴き、授業を行い、授業後の省察などは主に教科ごとのグループで行うので、グループ内のメンバーの評価も教学省察の重要な構成要素となる。全ての実習生について、最低2時限のビデオが必要とされ、そのうち1時限のビデオを実録・分析して省察報告を出すことになっている。ビデオの撮影を通して、授業の一つ一つの場面を分析し、実習生たちは自らの不足に対して改善をする。Lさんは自分の省察報告に「自分の教学ビデオを見た後、まだ不足なところがある。一、ジェスチャーが多い。二、声が小さすぎる。三、生徒とのインタラクティブが少ない、生徒の積極性を引き出さなかった。これらは

授業の準備不足などが原因で、今後の授業中に改善する」と記している。

授業記録とその分析・省察の一例を［表7］に示す。これは『酸化還元反応』の単元の授業の記録で、長春市第151高校の一年一四組で、実習生Sさんが行ったものである。

ここで下線を付した部分が、問題のある発言として指摘されている。「では、塩酸を……」の発言については、「このような説明はここでは問題はないが、生徒が知識を持っているから自分で解決できるのだ」という指摘があり、また最後の「へ？」という話し言葉の言い回しについても適切さ

表7　授業記録と分析・省察（例）

実習生：	まず、椅子の金属の部分を見てください。それはどんな金属ですか。
生徒　：	鉄です。
実習生：	どうして鉄の外側にペンキを塗りましたか。
生徒　：	鉄と酸素との接触を防止するためです。
実習生：	ペンキが落ちた椅子はどうしてよく黄色い鉄サビがつくのですか。鉄サビの主要な成分は何でしょうか。
生徒　：	酸化鉄です。
実習生：	三酸化二鉄をどう使えば、きれいな金属鉄になれるか。考えてください。
生徒　：	塩酸を加えます。
実習生：	<u>では、塩酸を加えた後三酸化二鉄は塩酸に溶け、三塩化鉄が生じます。鉄サビを落とすと、鉄と塩酸で反応が起こり、鉄を失います。この方法は本当にいいですか。</u>
生徒　：	良くない
実習生：	では、もう一回考えてみましょう。鉄が無くならない前提として、どうすると三酸化二鉄を鉄にするの？
生徒　：	（ちょっと考えて）水素と酸化鉄を還元し、一酸化炭素と酸化鉄を還元します。
実習生：	ほかの方法がありますか。何を加えますか。
生徒　：	水素を加えます。
実習生：	<u>へ？</u>　水素という答えは聞きました。それも高温の条件で、ではないですか？　そこで何が生じますか？

表8 実習生Sさんの省察

> **全体の省察**
>
> 　今回の単元『酸化還元反応』は高校の化学課程として、人民教育出版社高校化学「新課標」必修Ⅰ第二章「化学物質とその変化」の第三節から選定されている。その中から「酸化還元反応」と「酸化剤と還元剤」二つの内容を準備した。課程標準により、生徒たちに、実験を通じて、酸化還元の本質は電子の移動であることを理解させることが目的である。そこで、日常生活によく見える酸化還元反応の例を挙げる。主に、生徒たちの化学反応に対する認識を変えさせ、化合物の価数から化学反応の理解を助ける。酸化剤、還元剤の視点から、物質を明らかにする。それを通して、物質に対する考え方を変え、社会生産や生活に対してより深い認識を得た。生徒は化合物の価数の変化から考える（酸化還元反応と酸化剤、還元剤を判断する）ことを目的にする。教員は教学設計と教学実施をするとき、知識のロジック及び開拓・展開性に注意を払うべきである。新たな教員として、今回の授業は革新精神が必要なので、非常に大きな挑戦であった。
>
> 　以下は自分の今回の授業に対する省察である。
> 一、教学設計への省察のこと（略）
> 二、教学課程への省察のこと（略）
> 三、授業目標への省察のこと（略）
> 四、授業の仕組みへの省察のこと（略）
> 五、教学活動への省察のこと（略）
> 六、教学問題の設計への省察のこと（略）
> 七、その他の問題への省察のこと（略）

を欠くものと指摘されている。

　これを踏まえた実習生Sさんの省察は［表8］の通りである。

3.4　担任教員の実習

　実習校は全ての実習生にクラスの担当教員を配当した。担当教員としての実習の仕事は生徒たちとともに、朝自習、晩自習をすることである。またクラス会も担任教員として重要な仕事である。実習前に、実習生全員に

実習の状況と生徒たちの状況を紹介し、その上で、実際に実習生たちは生徒とともにクラス会のテーマを決めている。例えば、「学習方法を自由に語り合う」、「私の理想の大学」「私たちのクラス」などである。実習生は学校で写真や資料などを調べ、事前準備を行う。全ての実習生がクラス会を行い、それは良い学校文化の形成に対して大きな促進効果がある。

実習生が担任教員を務める時に現れた問題については、大学の指導教員と実習校の指導教員との相談を通して、優秀な担任教員をアドバイザとして派遣し、実習生にとっての担任教員としてのトレーニングを提供する。

優秀な担任教員は担任教員として主要な仕事の内容および核心、どうすれば優秀な担任教員になれるか、どうすると担任教員としての「厳」と「愛」を把握することができるなど問題について、実習生に紹介して問題解決のアドバイスを行っている。

3.5 教育調査研究

教育調査研究は実習の重要な部分である。実習生が教育研究方法を運用して教育教学に研究を行う重要な方式である。実習生にとっては、このことも基礎教育教学を明らかにする得難いチャンスである。実習生は教育教学で現れた問題に対して調査と分析を行い、研究報告を書き、研究の過程を体験する。それを通して、自身で問題を発現・分析・解決する能力を養成する。一例として、筆者の指導した実習グループが高校生の制服に関して行った調査アンケート票を章末に採録してある。

3.6 人間関係の体験

教育実習は人間関係の構築にとっても非常に重要である。学生に社会と学校を体験するチャンスを与えることは、将来社会に出る時、職場に行く時、非常に重要である。

実習生は実習校に入った後、各1人の実習校指導教員が割り当てられる。指導教員の性格や、態度はそれぞれ異なる。親切な指導教員に会ったら嬉

しいが、あまり親切ではない指導教員に会ったら、緊張感や落ち込み、さらには不安を感じる可能性もある。それゆえ、実習生を指導する指導教員の立場から考え、指導教員を理解することが大切である。積極的に指導教員と連絡を取り、仕事をしている間に、徐々に仲良くなる。

次に、実習校の生徒との関係である。ほとんどの実習生は実習に対して激情を持ち、できるだけ早く生徒と仲良くなりたいと思う。しかし、その程度の把握は難しい。単に生徒に対しての教員になりたいなら、ある程度の距離感が必要であり、それでは生徒と仲良くなれない。それに反して生徒たちのの「お姉さん先生」、「お兄さん先生」になりたいなら、生徒との仲は良いけれども、教員としての威厳が失われてしまう。したがって、教員と生徒との間の人間関係も非常に重要な事である。

また、実習生間の人間関係もある。20人の実習生は二ヶ月間一緒に住んでいる。お互いの理解や援助、さらにはお互いに団結する集団意識も非常に重要である。

3.7 省察とまとめ・評価

実習が終わったあと、実習全体の省察とまとめを行う。学生は学校実習成績評定および各資料を完成させて大学に出す。筆者は東北師範大学教育実習評定基準に基づいて、実際の教育実習に結びつけ、本グループの実習成績評定標準を［表9］のように作っている。

4. 化学教育実習課程の省察

化学教育課程では理論から実践、学校内の模擬授業から学校外の基礎実習と応用実習を通して、師範生の教学実践能力が明確に向上できた。将来、優秀な化学教員になるための土台を築いた。しかし、実習中に出てきた問題についての省察と改善は必要である。

表9 教育実習成績評定の基準

評価項目	評価内容	点数
教室での授業	教室での授業が学校の要求に達している	30点
	教学設計 2篇（各5点）	10点
	教室での授業ビデオ,教室での授業実録及び省察 2篇(各5点)	10点
担任教員としての授業	担任教員としての授業	10点
実習まとめ	実習日記5篇（各2点）	10点
	実習記録1篇	5点
	実習のまとめ1篇	5点
実習の規定	実習の規定に即している	10点
実習生活	集団意識	10点
特別な貢献	付加的な点数	10点
合計		110点

4.1 理論と実践の結合を強化する

　化学教育専門の実践課程は全体から見れば合理的である。四年一貫制の設計目標を体現し、理論と実践の結合に注意を払っている。しかし、実習中に数多くの学生が学校で勉強した専門課程と教育教学理論課程の知識が効果的に教育教学の実践に運用できてはいない。授業を行うに際して学科知識の理解と教育理念に対する認識がまだ不足しているので、単なる知識を教えるだけで、学科思想と方法が体現できていない。教学中にも自分で分かる程度までしか効果的な教学活動を行うことができない。従って、実習生の教学の過程を結合して、実習生たちに大学でのさらなる専門知識と教育教学理論の結合を構築させる必要がある。

4.2 指導教員陣の構築を強化する

　教育実践課程には、指導教員を持続的的に大量投入することが必要である。しかし、化学課程教学論の専門教員は4人、これに対して毎年の師範生は約100人いる。マイクロティーチングの規定により、各学生は最低3時限の模擬授業に参加すべきであるとされており、この1時限の授業は授

業から評価まで少なくとも 40 分ぐらいを要する。従って、4 人の指導教員はそれぞれ 75 時限を要することになる。きわめて大量の仕事である。

現地での実習は「県域集中、混合編隊、巡回指導」の教学モデルとしている。このモデルは実習生に最大限のチャンスを与えている。毎年の大学指導教員の構成は多元的なものである。学科課程教学論の教員もいるけれども、大部分はそれぞれの教科の専門教員である。この種の大学教員たちは高校の化学課程の内容について実際にそんなにくわしいわけではない。それゆえ実習生は実習中に、学科課程教学論について専門教員の指導をもらえないことになる。それは実習生の実習効果に影響を及ぼす。

実習中における、実習校の指導教員のレベルと責任感も異なる。高校入学試験や大学入学試験の対策に心を込める指導教員は、教育教学に対する理解がまだ足りない可能性がある。また一部の指導教員は実習生に自信を持ちすぎ、授業の準備や現場の授業に効果的な指導を与えないこともある。そうした時は、実習生自身で授業方法などを探すしかない。それも実習の効果に影響を及ぼす。

それゆえ、大学の学科課程教学論の教員陣の構築を強化するとともに、実習校の指導教員の選抜制度を改善することが求められよう。

4.3　安全確保の措置を講じる

学校外の教学実践課程では学生たちは大学から離れ、実習校で過ごしている。特に、教育実習に対しての安全問題は一番大切である。学校は相応の規定・制度を設定しており、実習指導教員も安全の重要性を繰り返し強調している。想定外の事件の発生を防止するため、大学は緊急措置、緊急事案への処理対策を策定すべきである。そうすることで、緊急事件があった際に効果的に解決できる措置を講じることができる。

【参考資料】アンケート調査の例

「高校生は制服を着るべきか」に関するアンケート調査

　みなさんこんにちは。私たちは東北師範大学からの実習生です。生徒たちの制服に対する認識を知り、制服に対する意見と考えを明らかにし、生徒たちの利益を守るため、このアンケート調査を作りました。お忙しい中、貴重な時間を割いてこのアンケート調査の完成に協力していただけたら幸いです。みんなの協力は私たちの研究に対して大切です。また、学校の方策に対して非常に重要です。今回のアンケート調査は無記名で行い、みなさんの個人情報を保護します。みなさんの答えは単なる分析用です。自分の状況によって正確に答えてください。
　ご協力ありがとうございます。

長春市151高校 実習生一同

第一部分：基本資料（あてはまるものを選びなさい）
　1. 性　　　別：□男　□女
　2. 出　　　身：□農村部　□県　□都市部
　3. 学　　　級：□高校一年　□高校二年　□高校三年
　4. 一人っ子であるか：□是　□否
　5. 家庭年収（元）：□5千以下　□5千〜1万　□1万〜2万　□2万以上

第二部分：アンケート部分（あてはまるものを選びなさい）
　1. あなたに対して、制服はどんな意味がありますか。
　　A.学校管理に対する便宜　B.集団の栄誉感を高める　C.生徒の良いイメージをあらわす　D.その他
　2. 制服はなにを表していますか（複数選択）。
　　A.制服は学生を表す　　B.制服は学校管理に便宜を与える服装だ
　　C.制服は普通の衣服　　D.制服は学校文化の象徴だ
　3. 高校生には統一的な制服が必要ですか。
　　A.必要がある。服で他人と比べることを避ける
　　B.必要がない。現在の生徒には個性が必要だ
　　C.そうと思わない。生徒が制服を着ると勉強に対して逆効果になる
　　D.どうでもいい、生徒は学校の規定に従うしかない
　4. 学校は制服を決める時、親の意見を聞くと思いますか。
　　A.聞かない　　B.聞く　　C.わからない
　5. 制服は高校生の素養の養成に対して影響を与えますか。
　　A.比較的多い　　B.普通　　C.比較的少ない　　D.ない　　E.その他
　6. 長春市151高校の生徒の視点からみて、一般に、統一的な制服は学校文化の構築に対して有利だと思いますか（複数選択）。
　　A.有利、制服は学校の象徴だ
　　B.不利、生徒の個性を生かすことができない
　　C.有利、制服は学生の日常生活を規範する

　　　　D.不利、学校文化には制度管理が必要だ
　　7.日常生活においてどのような服が好きですか。
　　　　A.流行の服　　B.自分に合う服　　C.高級ブランド　　D.その他
　　8.現在の服はあなたの個性を表すことができますか。
　　　　A.できる　　　　B.比較的にできる
　　　　C.できない　　　D.どうでもいい
　　9.現在着る服はあなたの日常生活になにか悪い影響を与えますか。
　　　　A.ある　　　B.ない　　　C.よくわからない
　　もしあったら、主にどのような影響ですか。
　　　　A.心理成長　　B.高校生の間に、服で他人と比べる状況がある
　　　　C.友達をつくる　　　D.消費の観念　　　E.その他
　　10 制服代の徴収は過剰な費用の徴収だと思いますか。
　　　　A.徴収額は明らかにしているので、過剰な徴収と思わない
　　　　B.家庭にお金の負担を与える、過剰な費用の徴収である
　　　　C.過剰な費用の徴収ではない、制服は自ら願ってしたことだ
　　　　D.よくわからない
　第三部分：学校が統一の制服を作ることに賛成であれば11-16を答えなさい。
　　11.もし、自分で制服を設計するなら、あなたはどうしますか。
　　　　A.ファッション性や生徒の身分に合うと同時に、個性を生かす
　　　　B.できるだけ学校の同一性を体現し、学校文化を表す。
　　　　C.高校生活に対して便宜で、同時に洗いやすい。
　　　　D.個性を生かす、流行のファッションを追う
　　12.一着の服の価格はどれぐらいが適当ですか。
　　　　A.30～50元　　B.50～80元　　C.80～100元　　D.100～130元
　　13.学校の制服の枚数は何枚がいいですか。
　　　　A.一セット　　B.春と夏二セット　　C.四季で各一セット
　　14.制服はどんな色がいいですか。
　　　　A.暖かい色　　B.冷たい色
　　　　C.簡単な色　　D.鮮やかな色
　　15.制服はどのようなスタイルが好きですか。
　　　　A.スーツ　　　B.スポーツウェア
　　16.もし学校の統一的な制服を作ることに反対なら、理由は何ですか。

注
1　原文は「高中」。後期中等教育にあたる三年制の学校。日本の高等学校相当なのでここでは「高校」と訳してある。
2　教育部が示す基礎教育のガイドライン。日本の学習指導要領に相当する。

第 9 章

中学地理の教育実習カリキュラムとその実施

王 向東

1. 中学地理の教育実習課程の体系設置と意図

　教育実習は、地理科学（師範類）の教育計画の中の核心課程の一つである。教育実習に先行する学習課程は、地理の専門教育課程と地理教師のための教育課程の二つに分けられる。そのうち、地理の専門教育課程は、計80 単位（総単位数の 52.6%）で、地理教師のための教育課程は、25 単位（総単位の 16.4%）となっている。

1.1　地理の専門教育課程による実習のための専門的基礎作り

　専門教育課程は、専門基礎（27 単位）、専門主幹（30 単位）、卒業論文（4 単位）、専門系列（19 単位）からなっている。その中で、専門基礎、専門主幹、卒業論文は必修で、専門系列は選択課程である。

　専門教育課程は、地理科学概説などの地理学の思想と方法論を含む一方、地質学の基礎、地球概論、気候と気象学、土壌地理学、総合自然地理学などの総合的な課程および部門地理学の課程を含んでいる。また、地質学と地球概論、気象学と気候学、土壌地理学と生物などの地理学の基礎実験課程も含み、さらに、地質学と地形学、水文学、人文地理学および総合自然地理などの野外実習も含んでいる。このように、地理の専門教育課程の構成は、地理教育実習のための確固とした専門基礎の習得をなしていると言える。

1.2 地理教師のための教育課程による実習の為の教育的基礎作り

地理教師の教育課程は、理論類、操作類、実践類の各課程を含む［表1］。

理論類課程は、中学校の学校教育、教師の専門性発展、青少年心理学、現代教育技術の四領域を包含し、かつ地理課程と教育論、地理課程標準、地理教材分析、地理教育比較、地理教育文献閲読などの内容も含んでいる。当面の課程体系は、教養と教科、国内と国際、理論と方法指導などの多くの側面の内容を包含していて、学生の教育実習の為に全方位的な教育理論と方法的指導を提供していると言えよう。

操作類課程は、地理教育の設計、地理情報技術と教育媒体を含んでいる。前期の理論学習の基礎の上に、学生に教案作成、教育過程の設計、多媒体による指導案の制作、地理の直観手段などの訓練を行わせるものである。

実践類課程は、地理教育の模擬と訓練、基礎実践、応用実践を含んでいる。「地理教育の模擬と訓練」は、「先に各項目の地理教育技能の理論を指導し、その後各項目の地理教育技能の模擬訓練を行う」ことを大まかな流れとして取り入れている。先に集中学習をした後の小グループでの合作という形式で、地理教育の一区切りごとの模擬と訓練を行う。「基礎実践」は、観察実習の方式で1〜2週間集中的に学校現場で観察をし、同時に中学校教師を大学に招き、顔と顔を向き合わせた交流と研究討論を行う。「教育実践」は、東北師範大学の教師教育創新実験区での集中的な実地実習を指す。

表1　地理教師の教育課程（東北師範大学）

理論類課程	操作類課程	実践類課程
学校教育基礎	地理教育の設計	地理教育の模擬と訓練
教師専門発展	地理情報技術と教学媒体	基礎実践
青少年の学習と発展		応用実践
現代教育技術		
地理課程と教育論		
地理課程標準の解読と教材分析		
地理教育の国際比較研究		

図1

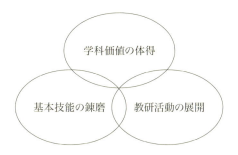

2. 中学校地理の教育実習の目標と指針

　我々は次のように考えている。明確な目標と正確な指針の下に地理の教育実習の活動を組織し展開してこそ、初めて実習生は実習を通じて本当に高められることができ、地理が分かり、教育が分かり、教えることができ、管理でき、研究ができるような専門化された地理教育者と管理者となることができると。地理の教育実習を展開し、実習生を養成する過程において、我々は一貫して学科価値の体得、基本技能の錬磨、教研活動の展開をもって実習生の重点としている［図1］。

2.1　教科の強調：地理学の基本的考え方と教育価値の体得を重視

　地理学は、地理環境および人類活動と地理環境の相互関係を研究する科学である。総合性と地域性の双方の特徴をもっている。地理学の考え方は、地理学者たちが地球表層の各種の地理事物と現象を科学的に認識した時に導き出した観念と法則であり、地理学の問題を分析・処理し、解決する根本的な考え方である。我々は考えるのであるが、どのような学科でもすべて学生の特殊な思考スタイルや思弁能力や創造する素質を造りあげるという独特の価値を備えていて、どのように授業過程でこの価値を体現するかは、各教科の授業設計と実施が守るべき基本的視点である。地理学の学科特性および地理学の考え方の中に含んでいる独特の知恵は、中学生にとっ

て独特の教育的価値がある。地理教育の最も根本的出発点である。それゆえ、教育実習中は、我々は実習生に実際の中学地理においての「地理学科は中学生のどのような能力を養うのだろうか？　地理学科の独特の教育価値はどこにあるのだろうか？」などの問題をさらに考えさせ、地理学の基本的考え方や基本的教育価値をさらに体得させ、実習生が地理学の視角から出発することや地理学を理論の根拠として授業を設計し組織する能力を鍛錬させ、中学生に地理学の考えや知恵を浸透させる能力を鍛錬させるのをなおさら重視する。

2.2　実践の重視：地理教育に関する基本技能の練磨を重視

　地理教育の技能とは、地理教師が授業内容を教えている時に用いる各種の授業の腕前と技巧の総称であり、地理教師の専門能力の重要な構成部分である。良好な地理教育の技能を備えるということは、地理教師が教育に携わる基礎であり前提である。実習生に、本当の授業実践中絶えずその基本的地理教育の技能を練磨させることは、我々が教育実習を展開する重要な目的の一つである。

　我々は地理教師を対象とした多くの調査研究を行い、一部の中学校の優秀教師の実践経験と実践上の知恵とも結び付けて考えた結果、教育実践から始めて、実習生が地理教師の仕事へ早く適応するのを助けることを出発点とし、理論の枠組み的な拘束を打破し、地理教師が実際の仕事中に備えていなくてはならない多くの技能を精選した。すなわち、地理教育を準備する技能、内容を講義する技能、"三板"技能（「板書」「板図」「板画」）、導入する技能、問いかける技能、教育のICTと地理の情報技術の応用技能、教育を組み立てて管理する技能、授業を完結する技能、地理課程の資源を開発する技能、地理活動を設計する技能、地理の試験問題を作成する技能、地理教育を反省する技能などを、教育実習における実習生の訓練する重点としている。教育実習の過程中、我々は"U-G-S"（大学と地方政府と学校の連携）実習基地の建設、目的性の授業の設置、「師徒制」実習モデルの構築、実習補助資源の開発など、多くの取り組みを重視して、実習生が

十分に実践できるように、また、確実に基本的な地理教育の技能を向上させるように保障している。

2.3　教研の重視：地理教育の研究方法の実践を重視

1人の地理教師が、地理教育の研究方法を掌握しているかどうか、単独で地理教育の研究を進められるかどうか、これは地理教師としての生涯のすべてのキャリアの成長と発展に直接に関連があるばかりでなく、同時に地理教師としての仕事の幸福感や喜びにも関係することである。我々はソ連の教育家スホムリンスキー (B.A.Sukhomlinsky) の観点である「もし教師に教師の仕事への喜びを感じさせたいと思うなら、すべての教師を研究という幸せな道に進むように導くべきである」に一貫して賛同している。そのため、我々は、実習生に本当の中学教育の現場で学んだ各種の基本の地理教育の研究方法を実践させることを重視している。教育実習の過程で、我々は課程の設置や、指導教師の保障や、実習生に対する評価など、多方面から実習生が十分に有効に教育研究を展開できるように、また学んだ地理教育の研究方法が実践できるように保障することを重視する。

3.　中学地理の教育実習の過程と特色

3.1　小グループによる協力形式での実習の展開

小グループ協力の実習モデルとは、実習中のすべての局面において小グループ活動を中心とし、学生は他者が存在する小グループ内で助け合うように促され、学習課題を共同で完成させていくような学習組織のことである。小グループ協力の実習モデルは、我々が地理教育の見習（観察実習）と本実習を行う時の主要な組織形式のひとつである。長年の実践を通じて我々は、小グループ協力の実習モデルでは、教案作成、試講（模擬授業）、授業実習への小グループの協力による指導と反省を行い、そのことで指導教師の仕事の負担を軽減すると同時に、実習生の能動性と創造性を大いに

図2

小グループ形式での授業準備、模擬授業

小グループ形式での授業、授業の評価

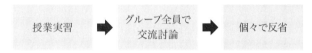

引きだし、いっそうよい実習効果を得ることができる、ということを見出した。小グループ分けの時には、見習と模擬の段階では、同じ実習内容の学生を一つの小グループ（3〜5人）に分ける。その時、実習生の能力、性格、水準の差異などの要因を考慮し、一般的に「自由グループ、適切な振り分け」の原則を用いてグループ分けを進め、模擬授業段階になると実習校を単位とした自然なグループとなる。小グループによる協力実習モデルの具体的な順序を［図2］に示す（章末【事例1】参照）。

3.2 実践における地理学の基本的考え方と教育価値の体得

教育実習の過程で、我々は指導教師（大学の地理課程と教育論を専門とする教授および厳格な選抜を通った優秀な中学教師）が、実習生の集団準備に参与し、実習生の教育設計に対して厳しい検査と批評をし、改善への意見を提示するように手配を行う。必要な時には、指導教師は実習生の為に必要な模範例やその設計の説明（例えば、ある教育内容に対してどのように教育を設計するか、このように設計する理由は何か、このような設計は地理学のどのような考え方を現していて、生徒に対してどのような教育価値を実現しようとしているのかなど）を提供し、実習生の参考と模倣に供することができる。実習生の教育設計は、指導教師の指導の下で絶え間なく磨かれ省みられた後に、はじめて授業に用いられるのである。実習生

が授業を終えた後で、指導教師は実習生の授業に対して批評を行い、善し悪しを総括する。実習生は逆に絶えず反省と総括をする（章末【事例2】参照）。

3.3 実践における地理の基本的な教育技能の錬磨

　教育実習の過程において、我々は以下の側面を重視し実習生の教育技能の有効的向上を図っている。まず、課程の保障についてである。実習前の半年間に「中学地理の教育技能に関する総合訓練」という授業を開設している。優れた中学校教師により授業が行われる。中学地理の授業の中に出てくる典型的な状況と結び付けて師範生に地理教育の準備技術、講義技術、"三板"技術、授業の導入の技術、問いかける技術、教育メディアを応用する技術、教育を組み立てて管理する技術、授業を完結する技術、地理課程の資源を開発する技術、地理活動を設計する技術、地理の試験問題を作成する技術、地理教育を反省する技術などを説明する。

　次に、指導教師の保障についてである。我々は、多くの省の優秀中学校教師を利用して、1～2人の実習生ごとに優秀な指導教師を配置する。実習期間中、実習生は指導教師と朝夕を共にして、伝統的な「師徒制」の形の下で教育技能を学んでもらう。そして、教材についてである。我々は、『教育実習の手引き』を作り、事例を出して各種教育技能を実際の教育に使う時の注意点を丁寧に解説していて、実習生の参考にしている。同時に、我々は、近年の教育研究成果と結び付けて、手引きに「観察授業のメモリスト」「教育技能の観察表」「教育技能の自己反省」などを入れている。優れた教師の教育技能を学生たちにより良く観察させ、同時に自己反省することを通じて自ら教育技能を向上させるようにサポートしている。以上の各種の努力は十分な時間の保障と実践の機会の保障が必要である。この側面に関しては、我々は実習生に十分な実習時間を提供し、各種実習校との緊密な連携を通じて実習生に十分な機会を提供するようにしている（章末【事例3】【事例4】参照）。

3.4　実習生は実践を通じて地理教育の研究をする

　教育実習の過程において、我々は以下の側面から実習生が十分に且つ有効に教育研究し、学んだ地理教育の研究方法を実践するのを保障する。

　まず、先行研究の理論の側面からである。我々は、実習が始まる一年前から、少しずつ「地理教育の研究方法」「地理教育の研究論文の作成」「SPSSデータの統計分析」などの必修或いは選択授業を開設する。授業内容は、地理教育の研究におけるテーマ選択、論証、研究、研究成果の作成および発表などの各部分である。事例と結び付けて実習生に観察研究、行動研究、記述研究（叙事研究）、事例研究、調査研究、実験研究、経験研究などの中学校の地理教育の研究方法を重点的に教える。同時に、よく使うSPSSなどのソフトの使用方法を実習生に教える。また、地理教育の研究を主題とする各種のシンポジウム、講座および課外活動を積極的に行う。これらの活動は、国内において知名度の高い教育学者や地理課程教育論を担当する本学教授や優秀な中学校校長・教師、および本学在学中の当該専門の博士課程学生・修士課程学生によって講義され、司会され、或いは指導される。これらの活動の中で、実習生は講師の先生たち、司会者のみなさん、指導者の方々と交流することを通じて、より直観的に地理教育の研究方法を感じ取り、体得し学ぶことができる。第2に、指導教師の保障である。我々は実習生1〜2人に指導教師として優秀な中学校教師を1人配置する。実習期間中、実習生は指導教師の教育研究活動の全課程に参加し、指導教師に付き添い、各種の教育研究活動に参加する。同時に、実習開始の前と後の、実習生の研究課題の選定と研究成果のまとめおよび発表は、本学の地理課程教育論の担当教授の指導の下で行われる。このようなやり方を通じて、実習生により直観的に研究を感じ取りそれに参加し、地理教師の教育研究により早く慣れるようにしてもらう。第3に、研究に対する実習生の積極性と有効性である。我々は責任を持たせる方法を取っている。実習に入る前に、すべての実習生に明確な研究課題を持たせる。この課題は後ほどの卒業論文とも密接な関連性を持たせる。つまり、実習生を順調に卒業させて相応する学位証書を入手させられるかどうか、ということとの関

連性を持たせるのである。同時に、実習生の研究課題は、実習開始の前にその指導教授（通常、課程教育論専門の教授）と繰り返し議論した後に決められる。また教授委員会の審査が必要である。このようなやり方を通じて、すべての実習生に具体的で役に立つ課題の研究に積極的に参加させるようにするのである。第4に、教育資材の保障についてである。実習生のために作成した『教育実習の手引き』の中に、異なる研究方法による教育研究の事例を丁寧に選び、実習生の研究の参考になるようにしている（章末【事例5】参照）。

3.5　実習における問題解決と恒常的な改善

　教育実習は理論と実践を結び付ける橋である。未来の教師を専門領域に導く大切な部分である。長年の地理教育の実践指導の中で、我々は学生が実習中に出会った難点と問題を集めて整理することに力を入れてきた。実習中の各種の問題に対して、我々は地理学、教育学、心理学、管理学などの関連理論と研究成果を積極的に参考にし、実践中の問題を解決し、実習を改善している。

　教育実習を実施する過程において、我々は長年の調査研究を通してこのように普遍的問題を集めている。例えば、実習生は実習校に入った当初、授業を観察する方法が分からない。つまり、初めて教壇に上った時に教育設計を自分なりのものにすることができず、地理教科の特徴を出す授業ができないということがある。また指導教師の授業スタイルがそれぞれ違うということもある。指導教師が厳しすぎると思う実習生もいれば、優しすぎて学生を批判し欠点を指摘するのをかわいそうに思い、その結果本当の意味での向上が図れなかったと思う実習生もいる。さらには実習校における同一教科の実習生が少なく、交流が不充分であることなどである。これらの問題に対して、我々は地理学、教育学、心理学、管理学などの関連理論と研究成果を参考にすると同時に、実践の中で解決の道を模索している。例えば、実習生が授業観察の方法が分からないという問題については、現地状況や教育現場からの授業観察の理論を参考に、修正した各種の

表2 実習生の問題と解決策・理論的根拠

実習生からの問題点の声	解決策	理論的根拠
中学校に入り、授業を観察する方法が分からない。	『教育実習の手引き』に各種の授業における観察補助リストを入れておく。実習生が授業を観察する時に、目的を持って観察ができるようにする。	授業観察理論
始めて教壇に上り、授業設計の方法がうまくいかない。創造性に欠け、面白くなく、"地理の味"が出ない。	実習前に、大所から見た自然地理と人文地理などの課程を増設する。現有の「中学地理指導設計と事例分析」の課程を改善する。	地理学の思想と方法 自然地理学 人文地理学 地理教育設計
実習校では、指導教師により指導スタイルが異なる。厳しく要求され、適応できない実習生もいれば、励ましが主であり逆に進歩向上が少ないと感じる実習生もいる。	指導図式の理論を参考にし、実情と結び付けて『教育指導に使用する特別用語に関するアンケート』を修正する。実習指導教師の個人カルテを作成し、それぞれの指導教師の長所を生かす。実習生が実習校と指導教師を選ぶ時の参考として提示する。	指導図式理論
実習校では、同じ教科の実習生が少なく、2〜3人が一般的である。交流が不充分である。	ポータルサイトを用いて、ネット上の教育実習共同体をつくる。	教育情報技術の理論 教育実践の理論

観察表を『教育実習の手引き』に入れることにより、実習生の観察をサポートする。実習生の教育設計の不得意さと「地理の味」が出せない問題について、我々は大所から見た自然地理、人文地理の二課程を増設し、学内の各部門が扱っている自然地理と人文地理の内容を整合し、地理学と中学地理の間の壁を撤廃し、高いレベルでの中学地理の教育が展開できるように学生を援助する。同時に、現有の中学地理の指導設計と事例分析という課程を改善する。授業の実践性を増やし、一部分の授業は優秀な中学校教師に講義をしてもらうようにし、実習生により速く中学校の授業設計に慣れるようにさせる。指導教師の指導スタイルについては、我々は異なる指導スタイルに優劣の差はなく、違った指導スタイルでも学ぶ立場にあるスタイルの異なる実習生とうまく合えば、よりよい実習効果が図れると考えている。我々は指導図式の理論を参考に、『教育指導に使用する特別用語に

関するアンケート』を修正し、実習指導教師の個人カルテを作成し、それぞれの指導教師の長所が十分に発揮できるように、実習生が実習校と指導教師を選ぶ時の参考に提示している。実習校での実習生の間の交流については、我々はポータルサイトを利用して、ネット上の教育実習共同体をつくることに努力した。ポータルサイトにおいて、情報を分かち合い、情報を求め、共同で研究調査をし、集団での授業準備と授業への反省も分かち合い、教師になった時の職業計画や実習の感想を分かち合うなどの活動を通じて、交流を強化している。

4. 中学校地理の教育実習から得た経験および将来への展望

　長年の実践と模索、度重なる改革を経て、地理実習生の育成や、地理教育の実習活動の推進において、我々は数多くの経験を得た。新しい時代背景のもとで、地理実習生の育成に関して我々は自らの新展望と設計を持っている。

4.1　地理科の基本的考え方とその教育的価値観を出発点とする指導

　長年の実習生の育成の中で、我々は「地理教師を養成する最終目的は何なのか」「実際の教育現場に就いてから、一体どんな地理教師が生徒にとって本当のいい教師になれるのか」などの問題を考え続けている。我々が思うには、どの教科も生徒の特別な思考スタイル、思弁能力、創造する素質を育成する独特の価値を持っている。それ故、地理学における地理問題を分析する時に使われる論理立て、関連付け、応用発展、そして臨機応変の思考方法と智慧などは、学生（特に卒業した後に地理学に触れる機会のない学生）にとって、最も価値のあるものである。この認識の下で長年、師範生の育成に尽力してきた。数多くの実習生が教壇に上り、彼らの指導により数多くの中学生が学業を完成し、社会の人材になってきたわけである。我々のこの育成方法は社会の認可を得られ、社会的効果と価値を作り出す

ことができた。このことは、地理科の基本的考え方とその教育的価値を出発点とする地理実習生育成の信念をさらに固めさせてくれた。

4.2　明確な特色のある地理実習生の育成課程体系の一層の改善

もし地理科の基本的考え方とその教育的価値から物事を考えるのを堅持することが我々の地理教師養成の出発点であるならば、地理教師の教育実践と結びつけて目的性・実践性の高い実習生を育成する課程を作ることが、すなわち、我々の教師養成の重要な着地点である。我々は「大所から見た自然地理」「大所から見た人文地理」「中学地理の教育原理」「中学地理教材の知識体系分析」「中学地理の授業設計と事例分析」「中学地理の教育技能の総合訓練」「教科の専門文献の閲読と交流」などの特色のある課程を開設している。これらの課程は、大学の地理学を中学校の地理課程へ単純にレベルダウンさせたものではなく、地理学と中学地理との教育的「結び付き」に力点を置き、地理学の高い視点において中学地理の内容の脈絡と根拠を整理したものである。地理学と中学地理の間にある壁の撤廃、学生の高い視点から見た中学地理教育の実施にも重要な価値をもたらしたのである。授業教師の構成上では、自然地理学、人文地理学の教授もいれば、地理の課程と教育論の専門の教授もいる。さらに、中学校から選抜された優秀な教師と校長もいる。このような課程の設置と教授陣の配置の下で、我々は実習生のために良好な「地理学の教科基礎（教育学と地理課程教育論の理論）、中学地理の教育実践」という理論と実践の基礎を作ってあげ、教育実習のための先行準備を十分にしてあげるよう最大限の努力をする。

4.3　"師徒制""二人指導教師制"の育成方式

長年の模索と改革を経て、我々は中国の伝統的な人材養成の方式と、新時代における地理教師の人材養成の需要状況を参考にして、"師徒制""二人指導教師制"の育成方式を模索した。ひとりひとりの実習生に学内と学外の両方の指導教師を配置している。学内は大学の地理学か地理課程教育

論の教授であり、学外は中学校の優秀な教師たちである。実習の開始前と実習の終了後に、学内教授は実習生の専門に関する文献の閲読、教育の基本技能の錬磨、教育研究課題の選択、教育研究結果の作成と発表などの指導をする。実習中、実習生は指導教師と朝夕を共にして、伝統的な「師徒制」の形で中学校の地理教師から授業技能を学び、さらに、実習生は指導教師の各種教育研究活動の全過程に参加し、指導教師に就いて一緒に各種の教育活動へも参加する。現有の教育条件の下でこのような養成方式は、実習生が教育実習を通して独特の収穫と成長を最大限に得ることが保障できると我々は思っている。

4.4　最新の研究成果を参考にした『教育実習の手引き』の恒常的な改善

『教育実習の手引き』は、実習生が大学を離れ中学校に入って正式に実習を始める前の、我々からの実習生へのプレゼントである。各実習生の持参する『教育実習の手引き』の扉ページに学内教授からの贈る言葉が書かれている。多くの実習生が実習日誌で触れているが、実習過程では、手引きを開く度に先生たちからの愛情深い贈る言葉を目にした途端、心に暖かい感動が湧いてくるという。我々は実習手引きにある内容の選択と編集を重視している。実習手引きは、精選した事例と結び付けて、実習生のために、異なる教育技能と研究方法の使用要点を説明している。また、「授業観察のメモリスト」「教育技能を高めるための観察表」「教育技能の自己反省表」など多種の表を配している。それは学生が優秀教師の教育技能を観察し学ぶためである。同時に学生が自己反省し、自らの教育技能をより速く高めるために提供されたものでもある。実習手引きの後半部分に十分な空間を残し、実習生が実習日誌を作成するために供している。実習終了後に、実習生は『教育実習の手引き』を通して実習過程を顧みることができるのである（章末【事例6】参照）。

【参考事例】

【事例1】中学地理における「大陸と大洋」の授業に際しての小グループ共同の授業準備、授業の精錬、評価および指導

1. グループ分け：上記内容について見習と模擬授業をする4人の学生を一つの実習小グループにする。そして組織能力が比較的に高い学生1人を実習グループの長と指名する。班長の主要な業務はグループ内の他のメンバーを招集し協力して実習を展開するように組織することである。
2. 個々人の教案づくり：メンバーはそれぞれまず真面目に本節の授業の教材を研鑽し、そして自分の教案を作り出さなければならない。レベルには大きな差があってもよい。
3. 集団授業の組織：教師の指導の下、実習生は集団授業を行う。授業の時に実習生は自分が作成した教案の解読をし、全員と討論をしなければならない。たとえば、本節の内容を作成する時、「七大陸四大洋」を1回の授業内容にする者もいれば、2回にする者もいる。また、掛図を利用する者や、ゲーム方式で学習を展開する者もいる。教科書の「活動」を完成していない者（生徒に「閲覧資料」欄の知識を学習させていないなど）もいる。多くの実習生は図を解読する方法を使用している。この過程を通じて、実習生たちの間では互いに長所を取り入れて短所を補うことができ、また教材をよりよく知ることもできる。さらに、表現能力なども鍛えることができる。実習指導教師は、主として意見を出してあげ、授業過程を見守ってあげるのである。
4. 協同教案の作成：集団の授業準備を経て、4人の実習生はいくつかの面で共通意識を持つようになる。例えば、本時の授業内容は、知識は重要で且つ難しいレベルに属しているので、完成させるのに2回の授業が必要であり、本の中に提示されている活動や閲読材料を充分に利用して授業をするべきだ、というようなことである。また、

本時の内容は地域の地理知識であり、多種類の地図を利用して授業をするべきだということも共有される。こうすることにより、個々の教案を改善することができるのである。ある実習生は、自分の描図能力が弱いのを心配して、黒板に七大陸の輪郭図を描く勇気がないが、生徒に黒板に七大陸の輪郭図と大陸名の表示をつなぎ合わせてもらう遊戯設計がより良いと考える。だから依然として、この授業設計を保留している。協同教案とは、同形の教案でもいいし、討論を経て、皆が長所を取り入れ短所を補った後、必要に応じて改修した個人案でもよいということになる。

5. 集団による試講（模擬授業）の展開：実習生が模擬授業をする時は、先生と学生の全員が参加する。相互に配慮し、助け合い、協同教案による試講を繰り返し行い、教案を更に熟知する。そして、口癖があったり、板書の設計が不合理だったり、言葉が速すぎたりなどの問題を持つ実習生や、試講を経て「七大陸」をある種の方向と順序に照らして授業すれば、生徒はもっと受け入れやすいのだということに気づいた実習生や、考えがはっきりしておらず、教案に照らして授業ができない実習生などそれぞれの問題に対して、グループ内で繰り返し試講をしているうちに、互いに指摘しあって改善するようになる。違う教案を持っているグループ内の他のメンバーに対しても、試講をサポートしてあげなければならない。なぜなら、それぞれひとりひとりの授業成績は全グループに影響するからである。それで、グループのメンバーの間では積極的に協力できるのである。

6. 積極的な相互評価：授業を終えた後、全実習生は一緒に、授業効果について総合的に評価し、経験と不足を総括する。これは実習生が向上し進歩するための重要な節目となる。授業を通じて、黒板に七大陸の輪郭図を描いて授業を進めるのが比較的便利で、大陸の境界線を説明しやすいことに気付いたり、一部の実習生は、緊張により何を教えるかわからないため、時間が余ってしまってどうすればよいか分からなくなったりもした。授業後のグループ内では、直ちにこのような貴重な体験と経験を総括し、整理を行ない、さらに、実

習情報のポータルサイトにアップし、全員で共有して改善しやすいようにしている。

【事例2】実習生の反省：教育用図絵を選ぶ学問

インドについての授業において、生徒にインドの緯度の位置を描かせる時に、複雑なものと簡単なもの（右図）の地図のどちらを選んで使用するのが良いか？

多くの教師は比較的簡単な地図を選ぶだろう。なぜならこの図は簡単であるが、重要な緯度の線がすべて表示されているからである。しかし、我々はなぜ生徒にある地域の緯度の位置を描かせなければならないのか？　地理学者はある地域の位置を研究する時、いつも先に参照物を選んで決める。しかもこの参照物は必ず「相応しい」「意義のある」ものでなければならない。このようにしてこそ初めて地理学者のその後の分析研究が順調になるのである。このような適合する参照物を用いて研究を助ける方法は地理学者が我々に与えてくれる貴重な知恵であり、参照物を探す過程は生徒にとって大きな教育的価値がある。そこで、我々は、生徒にインドの緯度線を描かせるときに、まず複雑な地図を提示し、地図の中の妨害となる情報がとても多くて、生徒に邪魔となっている情報から自分で重要な緯度線を探し出させ、そして緯度線を探す理由を体得させ、地理学の方法と知恵を感じ取らせなければならないと考えている。

【事例3】指導教師の模範授業による実習生への教育技能の総合的運用についての説明

模範授業：問題探しの授業「長春はなぜこんなに渋滞するか」

模範授業の概要：本時の授業は2段階に分けられる。第1段階は授業前の資料収集である。生徒ひとりひとりに長春市内のある時間帯の渋滞状況について、例えば、渋滞の時間、場所、持続時間、運転手と通行人の感

想と評価、テレビ局の番組の渋滞に対する報道と評価などを観察してもらう。第2段階は教室での討論である。三つの問題を重点的に取り上げる。①各生徒の収集した資料を集め、長春市の渋滞の時間的空間的な規則性をまとめる。②長春の渋滞の時間的空間的な原因を分析する。③長春の渋滞の時間的空間的な規則性の原因を分析する。

　指導教師の実習生に対する指導：実習生に次のような問題について重点的に分析する。「本時の達成目標、進める形態、全体の枠組はどのように決めたのか」「本時の議論のコア的問題の設定意図は何なのか」「授業中のどの段階でどういう言葉掛けが必要なのか」「授業中に使うコンピューターのソフトはどういう使用注意が必要なのか」「板書、板図、板画は本時においてどのような役割を果たすのか」「生徒がそれぞれ困難に出会った時にどのように指導してあげるか」「指導教師は授業後にどのような感想と反省の意見を述べたか」など。指導教師の指導過程において、実習生は地理教育の準備技能、講義技能、「三板」技能、導入技能、質問技能、ICTの応用技能、授業を組織し管理する技能、授業をまとめる技能、地理の授業に関する資源の開発技能、地理活動の設計技能などを本物の授業の中で身に付けていく。

【事例4】実習生の日誌：地理の伝統的「三板」技能への新しい認識
　教育実習に際して、私はずっと疑問に思っていたことがある。ICT設備が普及した今日、多数の授業はICTを駆使してPPTを作るが、伝統的な板書、板図、板画の技能を練習する必要性はなぜあるのか、ということであった。しかしながら、実習を通してこの「三板」技能の地理教育における重要性が分かった。
　第1に、板書は、地理授業の重点と論理関係を提示することができる。教師は板書を通じて授業内容の要点と知識の構成を明確に生徒に提示することができる。生徒にとって一目瞭然になるので、知識の重点とその間の論理関係を身に付けやすい。
　第2に、板書は地理教育の順序性を表すことができる。一般に、板書は教師が講義しながら書くものであり、生徒は板書の進行順序に従って系統

的に学習していく。そのため、板書は地理授業の過程における順序性を表すことができる。

　第3に、生徒の注意を引くことができる。授業中の生徒の注意力は、板書の絶え間ない更新によって動かされる。生徒たちはPPTの溢れる授業に嫌気がさした時に、教師が黒板に素早くある地域の板図を描き、その板図に関連する地理の情報を埋め込んで、講義しながら図を描くことで、生徒の注意力を引き込み、生徒の興味関心を起こすことができる。さらに、生徒の授業への認識を深めさせることができる。

　第4に、授業内容の具体化と「活性化」ということがある。地理の板書は、項目、図や表などの形をもって授業内容を概略化し、具体化する。また、授業の進展に伴って段々と内容が明確になる。このことによって、授業内容を活性化させ、生徒の学びに役立つ。

　第5に、生徒のための読書の重点項目の整理と模範の提示ということがある。教師の板書は生徒が勉強のまとめを書く時の範例になる。生徒は板書を写すことによって、読書の重点項目を書く方法を学び、彼らの地理教科書を読み取る能力を高めることができる。

　教育実習を通して、私は「三板」技能が地理教師の必要技能の魂であり、地理教師の必修科目であると深く感じるようになった。教育技術が絶えまなく発展している今日でも、伝統的な授業手段の優勢さを捨てるべきではない。生徒の具体的状況により、合理的な授業方法を使うことができなければならない。そのため、我々は自らを装備し充実させ、自らの各技能を鍛えなければならない。

【事例5】中学生の興味関心に関する実習生の研究

　中学校の教壇に上って初めて分かったことだが、生徒が興味関心を持つだろうと我々が思い込んだ内容は、実際の学習に当たって必ずしもそうではなかった。そこで、我々は「中学生はどんな授業内容に興味関心を持つのか」を課題にして研究を始めた。

　まず、我々は実習校の生徒に調査した。どういう地理内容に興味関心を持つか（1〜3個ぐらいの例を挙げて）話させる。分析を通して気付いた

ことは、生徒たちは「新、楽、奇」を感じる内容に興味関心を持つということであった。

順位	内容	調査生徒数中の比率
1	珍しいこと、面白いこと	62%
2	風土人情	60%
3	名勝古跡や旅行スポット	48%
4	珍しい動物	44%
5	国際政治のホットな話題	23%
6	軍事地理	5%
7	その他	

　同時に、我々は次のことにも気づいた。地理の授業は生徒の興味関心のみに従って進めるわけでなく、その内容は「新、楽、奇」を基準に選択するわけでもない。では、日常の教育の中でどのようにして生徒の興味関心を引き出すのか。我々は質的な研究を試み、ベテランの先生たちにインタビュー調査を行った。経験豊かな優秀な先生たちの実践的智慧を借りて「どのように生徒の興味関心を引き出すのか」を探索してみた。インタビュー調査と我々の観察を通して、以下にいくつかのキーワードとして整理した。①講義の脱線と戻り；即ち、型にとらわれ融通がきかないようなやり方ではなく、適宜に教科書にない「面白い細部」を話すことである。「脱線」の「度合」を把握し、脱線の内容を教育目的の周辺のものにし、最終的に教育目的と授業主題に戻るようにする。②通俗と深み；理論的なものを中学生の生活実態と結び付けて簡単に表現することである。しかし、表面的な浅いものに流れるのではなく、通俗の裏に深い地理の思想が入っているものを重視する。これこそ本当に生徒を引き付けることができる。③新鮮さと慣れ；生徒は新奇のものを好み、陳腐なものを嫌がる。しかし、同時に「新鮮感」と「馴染みがない」とは一線の差しかない。そのため、授業時、生徒の生活状況に馴染んでいることからスタートし、実生活から生徒に新鮮感を感じさせ、馴染みのないものにならないようにしてからこそ、本当の意味で生徒の興味関心を引き出せるのである。

【事例6】『教育実習の手引き（地理）』中の表

表3　授業技能を高めるための観察表

	問題設計					生徒の反応		その他
	問題の見つけ方	質問の仕方	教材との関連	問題の目的	授業目標との相応	理解の反応	応答の反応	
素材1								
素材2								
素材3								
素材4								
その他								

表4　導入の技能を高めるための観察表

導入時期	導入理由	導入方法		導入効果	
		キーワード	非言語表現	効能	生徒の反応
導入					
授業中の転換1					
授業中の転換2					
あなたの考え:					
その他の説明:					

第Ⅱ部

教員養成における「実践的」プログラム
　──東京学芸大学の取り組み──

第1章

東京学芸大学における「教育実地研究」の構造と試み

大竹 美登利

1. 日本の教員免許法制下での東京学芸大学の教員免許状取得のためのカリキュラム構造

　よく知られているように、日本では、教員養成に特化した教育組織だけでなく、自然科学や社会科学、人文科学などを専門とする教育組織においても、文部科学省によって課程認定を受けていれば、そこで認定されている科目を修得し、都道府県の教育委員会に申請することによって教員免許状を取得できる。第2次世界大戦以前は教員免許状の取得が府県立（のち官立）の師範学校に原則としては限られていたが、大戦後は国公私立の一般大学でも広く取得できる制度となったことから、これらを一般に「開放制」と言う。

　四年制大学での教員免許状取得に必要な最低の単位数は［表1］のように、「教科に関する科目」と「教職に関する科目」と「教科又は教職に関

表1　免許法による免許状取得に必要な単位（一種免許状）

第1欄	第3欄			
所要資格	大学において修得することを必要とする最低単位数			
免許状の種類	教科に関する科目	教職に関する科目	教科又は教職に関する科目	合計
小学校教諭	8	41	10	59
中学校教諭	20	31	8	59
高等学校教諭	20	23	16	59

基礎資格　　学士の学位を有すること。

する科目」に区分して最低必要単位が決められている。逆に言えば、［表1］に示された科目が用意されていれば、教員養成系の学部や大学でなくても、教員免許状が取得できる。

このうち、「教科に関する科目」は、それぞれの教科の専門にそった科目である。例えば「理科」であれば、生物学、物理学、化学などの自然科学領域の専門科目がそれにあたる。それに対して、教職に関する科目は、教育活動に必要な専門的知識で、それらの科目の内容は［表2］のように、第二欄から第六欄まで詳細に定められている。［表2］に示した最低必要単位数は、中学校の教員免許状の例である。

これらの科目名および単位数は、この規定を逸脱しない範囲で各大学に任されている。［表2］には東京学芸大学の学校教育系で中学校教員免許状を取得するために準備されている科目名および単位数を示した。そのうちの「第五欄　教育実習」は、「中学校実習」5単位を開設している。

なお、東京学芸大学では2015年4月入学生からカリキュラムが改正され（以下「2015カリキュラム」と称する）、それ以前の入学生（以下「旧カリキュラム」と称する）との間で、教育実習は大きく変化した。

東京学芸大学が「教職に関する科目」として設置している「2015カリキュラム」の科目を［表2］に示した。

免許法では「教職に関する科目」最低31単位だが、東京学芸大学では4単位多い最低35単位を取得させるカリキュラムとなっている。教員養成の主幹大学を標榜する大学にあって、より質の高い教師力育成を目指していることの表れともいえる。教育実習のみならず、こうした教職に関する科目の学修は教師力育成に寄与している。

2. 東京学芸大学における教育実習関連科目

2.1　一年から四年までの一連の実践的指導力育成プログラム

文部科学省の中央教育審議会は2012年の答申「教職生活の全体を通じた教員の資質能力の総合的な向上方策について」で、いじめ・暴力行為・

表2　第六条　免許法別表第一に規定する幼稚園、小学校、中学校又は高等学校の教諭の普通免許状の授与を受ける場合の教職に関する科目の単位

第一欄	免許状の種類			中学校一種免許状		
	教職に関する科目	各科目に含めることが必要な事項	最低単位数	東京学芸大学の中学校免許取得コースでの解説単位及び科目名		
第二欄	教職の意義等に関する科目	教職の意義及び教員の役割	2	教職入門	2	2
		教員の職務内容（研修、服務及び身分保障等を含む。）				
		進路選択に資する各種の機会の提供等				
第三欄	教育の基礎理論に関する科目	教育の理念並びに教育に関する歴史及び思想	6	教育の理念と歴史	2	8
		幼児、児童及び生徒の心身の発達及び学習の過程（障害のある幼児、児童及び生徒の心身の発達及び学習の過程を含む。）		教育心理学	2	
				障害児の発達と教育	2	
		教育に関する社会的、制度的又は経営的事項		教育組織論	2	
第四欄	教育課程及び指導法に関する科目	各教科の指導法	12	中等各教科教育法Ⅰ	2	14
				中等各教科教育法Ⅱ	2	
				中等各教科教育法Ⅲ	2	
				中等各教科教育法Ⅳ	2	
		道徳の指導法		道徳教育の指導法	2	
		特別活動の指導法		特別活動の理論と方法	2	
		教育課程の意義及び編成の方法		中等教育の内容と方法	2	
		保育内容の指導法				
		教育の方法及び技術（情報機器及び教材の活用を含む。）				
	生徒指導、教育相談及び進路指導等に関する科目	生徒指導の理論及び方法	4	生徒指導・進路指導の理論と方法	2	4
		進路指導の理論及び方法				
		幼児理解の理論及び方法				
		教育相談（カウンセリングに関する基礎的な知識を含む。）の理論及び方法		教育相談の理論と方法	2	
第五欄	教育実習		5	中学校教育実習	5	5
第六欄	教職実践演習		2	教職実践演習	2	2
合計			31	合計	35	

不登校等生徒指導上の諸課題に対応できる実践的指導力の不足を指摘し、これらの力量を育成するために、学校ボランティアや学校支援地域本部、児童館等での活動、長期インターンシップなど教育実習以外での一定期間の学校現場等での体験機会の充実をはかることを提案した。

こうした流れの一つとして、いくつかの大学では集中的な教育実習だけでなく、長期にわたる学校現場での体験の機会を設けている。例えば創価大学では「学校インターンシップ」を開設し、年間を通じて特定の曜日・時間に学校(公立小中学校・私立幼稚園)を訪問し、教員とのティームティーチングによる学習指導補助や放課後の補充学習等を行っている。また弘前大学では、三年次に集中して行われる教育実習の前後に毎週火曜日に実習校へ出向き、児童観察や授業補助などを行う「Tuesday実習」を実施している。その他の大学でも類似のことが行われはじめている。

東京学芸大学でもこれらの流れを受けて教育実習関連科目が改訂された。

文部科学省は2013年に各国立大学改革の方向性を「ミッションの再定義」として提案したが、東京学芸大学では「附属学校や公立の連携協力校等を積極的に活用した観察実習の新設や学校インターンシップの実質化などによる四年間にわたる学校教育現場と往還した実習カリキュラム体制を整備して実践的能力を育成する」と再定義された。これを受け「2015カリキュラム」では、教育実習およびそれに関連する科目を配置し［表3］、四年間にわたる教育現場での体験機会の充実をはかるカリキュラムとした。

まず、一年の後期に開設される「教職入門」（必修）では、大学近隣の公立学校で丸一日の学校の活動を参観する。この科目は教師視点で学校現場に向き合うはじめての場となる。この学習を通して教師・教職とは何かについて理解し、学びを深めるための課題意識や教師としての心構えを持つ授業である。

二年前期の「授業観察演習」は4年間にわたる学校教育現場と往還した実習カリキュラム体制を整備することを目的として「2015カリキュラム」に新設した科目である。ここでは教育実習の授業観察を通して、教育実習の意義について理解を深め、次年度の実習への問題意識の育成をめざして

表3 教育実習と関連科目～4年間にわたる「学校現場での学び」

授業科目名	単位数	必・選	開設学期	備考
教職入門	2	必修	1年後期	学校参観含む
授業観察演習	1	選択	2年前期	授業を観察し分析協議する
事前・事後の指導*	1	必修	3年前期～後期	
教育実地研究Ⅰ*	4	必修	3年前期	附属学校での3週間の実習
教育実地研究Ⅱ	2	選択	4年前期	公立などの協力校による3週間の実習
教職実践演習	2	必修	4年後期	実習の振り返りを含む講義と演習
学校インターンシップA	2	選択	2、3、4年前期	1つの学校現場に毎週1日行くなど定期的に出向いて、授業以外も含めて学校の様々な仕事を体験する。
学校インターンシップB	2	選択	2、3、4年後期	

*印5単位が教員免許状取得要件の教育実習5単位となる。

いる。

　三年では「事前・事後の指導」1単位と、附属学校における3週間の集中による教育実習である「教育実地研究Ⅰ」4単位の合計5単位が開設されている。教育免許法上で規定されている「教育実習」5単位の科目に相当する。

　四年ではこれらの発展応用として、公立や私立の協力校における集中による3週間の教育実習「教育実地研究Ⅱ」2単位（選択）を開設した。

　さらに4年間の教職関連科目のまとめとして、後期に「教育実践演習」が開設されている。この科目は、「教職観」「教科基礎力」「学習指導力」「子ども理解力」「生活指導力」といった教員として必要な知識・技能全体について、自らの学習履歴を省察して到達点と課題を確認し、課題克服の方途を明確にすることを目的に、以下の五つの学びを展開する。すなわち、①履修カルテやポートフォリオで、教科に関する科目、教職に関する科目などの区分を念頭に到達度を確認し、課題を自覚する、②教職経験者・教育支援専門家の講話から求められる教員像を具体化する、③問題場面を想定した生活指導を設計・実施し、その評価や改善を通して、生活指導力の確認と課題を自覚する、④模擬授業や事例研究等を設計・実施し、その評

価や改善から、自身の指導力の確認と課題を自覚する、⑤「振り返りシート」で授業内容を省察し、自らの課題を明らかにし克服の方途を明確する、である。

さらに、教育現場に長期にわたり体験する機会を持てる「学校インターシップ A」「学校インターシップ B」が開設されている。詳細は後述する。

2.2 「2015 カリキュラム」の改革の方向

(1)「授業観察演習」の新設

「授業観察演習」は「2015 カリキュラム」に新設した科目で、4 年間にわたる学校教育現場と往還した実習カリキュラム体制で不十分であった二年生のカリキュラムを強化した。ここでは基礎実習を観察して教育実習の意義について理解を深め、次年度の実習への問題意識を育成することをめざしている。具体的には教育実習生の授業記録ビデオやオンデマンド機器を用いた映像を観察し、授業観察の視点（机間巡視、板書計画、発問の想定等）に基づいてグループや全体で話し合い、多様な視点を得るとともに、学習指導案の構成や役割を理解し、次年度に行う教育実習を意識化する。

この授業は当初、三年生が教育実習を行っている附属学校に二年生が赴いて授業を観察することを予定していた。しかし各学年約 850 人 2 学年（計 1,700 人）分の学生が附属学校に集まり、かつ協議する場所を確保することは不可能と判断された。

一方、ICT 機能化を進めていた大学では、数十キロ離れた附属学校の教育現場を大学でオンデマンドにより参観し協議できるシステムを完成させた。この方式は、学生が協議する音声が授業現場に聞こえないので、観察者が協議で授業を妨げない良さがある。このシステムによる実験的試行では、協議に重点をおいた授業観察が可能となることがわかった。

しかし、このシステムは大学のメディア館にある一つの教室と、四地区の各附属の一つの教室をネットワークで結ぶにとどまり、この施設以外ではオンデマンドによる授業観察はできない。教科によっては実験実習室や体育館など、別の場所で行う授業を観察する必要もあるため、すべての授

業観察のオンデマンド観察が可能となるわけではない。そこでこれを補完する方法として、事前に収録した授業映像で協議する方法が提案された。映像による観察、協議でも、オンデマンドと類似の効果を生むことが確認された。

以上から、「授業観察演習」は教育実習生ビデオの授業記録やオンデマンド機器を用いた授業の観察・協議を行うこととした。2016年度以降、附属学校での教育実習生をビデオ収録し、授業データを蓄積している。

実際の教育現場における観察ではその臨場感から学ぶことも多い。本方式の授業ではその臨場感に欠けることは否めない。このことが学生の学びへどう影響するかは、今後の検討課題である。

(2) 長期にわたる教育現場の体験的活動である「学校インターンシップ」

東京学芸大学では2011年から、「学校インターンシップ」を開設した。

日本では、学生が企業で体験的就業をする「インターンシップ」を単位化している大学が多くなっている。この制度では、就職前に学生が企業の仕事内容を十分理解できる上に、採用者側も就職希望者の適正を見極められることから、両者のミスマッチが減り、就職後の離職が少なくなるとして活用されている。東京学芸大学でも「総合インターンシップ」という名称でこの科目が設置されていた。

一方、東京学芸大学ではインターシップに類似した「学校ボランティア」が盛んである。「学校ボランティア」では放課後のクラブ活動の指導者として、休み時間の子どもの遊びのサポート、実験実習科目の教材作成の手伝いなど、教科教育に必ずしも直接関わらないが、その周辺部分などを含む広い範囲の教育活動に関わる実践的活動である。東京都の市区町村教育委員会による募集説明会が大学で大々的に行われており、年間300人を超える学生が「学校ボランティア」として活動している。東京都の教員採用試験では「学校ボランティア」をしていたかどうかを記述する欄もあり、その後の教育活動に成果があることも確認されている。ただし「学校ボランティア」は単位化されておらず、大学では活動している学生を把握しておらず、教員養成の実践的教育カリキュラムに組み込むことはできなかった。

しかし、長期にわたる多様な教育現場での体験が重視されるようになり、その一つに「学校ボランティア」的な活動を「総合インターンシップ」と同様の制度に乗せて「学校インターンシップ」として単位化し、カリキュラムに組み込むこととした。

この科目では、学生が自主的にインターシップ先の学校を探し、特別支援対象児の補助者としてクラスの見守りを行う、宿泊生活の補助員として参加する、あるいは理科や家庭科など実習の教科で助手として関わるなど、教育活動に関わる活動を長期にわたり行い、60時間以上の働きを校長が証明し、大学の学務に単位申請し、審査後に単位が認定される。

「学校インターンシップ」履修者は現在のところ少数であり、履修者を増やす工夫が必要である。さらに長期にわたる学校現場等での体験機会の一つとしての「学校ボランティア」の単位化の検討も求められる。

(3)「教育実習」の必修期間の短縮ならびに選択化

「旧カリキュラム」では「事前・事後の指導」1単位と3週間の附属学校における「基礎実習」(「2015カリキュラム」の「教育実地研究Ⅰ」に相当)3単位、公立や私立の協力校における3週間の「応用実習」(「2015カリキュラム」の「教育実地研究Ⅱ」に相当)2単位、合計6単位を必修とし、免許法上の最低5単位より1単位多い単位の取得が必要であった。

本学は教員免許状を取得して教員になることを第1の目的とする大学で、入学者の大半が教員になることが望ましい。しかし大学での学習を生かした教員以外の仕事に魅力を感じる学生も出てきており、大学もそうした就職を支援している。100%教員となっていた師範学校時代と相違する点である。これらの学生にとって、「旧カリキュラム」で四年生の6月に行われていた「応用実習」は、就職活動と重なる時期でもあり、教育実習に集中できずい学生も少なくなかった。一方教育実習生を受け入れる協力校は、将来の教員の担い手として無理をしながら指導を引き受けているところが多く、学生の意欲との齟齬が生じ、トラブルに発展することもあった。さらに、教員をめざして入学した学生ではあるが、入学後、教員の仕事の適性にあわず、教育実習がストレスで疾病におちいり、大学の支援体制を受けて附属での基礎実習は何とか終えたものの、協力校での教育実習

でトラブルを抱えてしまう例もあった。

　さらに「2015カリキュラム」から学校教育系の学生が730人から850人に増加し、必要となる協力校が1.2倍の約400校となった。しかし東京都では、少子化による学校減少、団塊世代の大量退職大量採用による経験の浅い若年教員の増加、いじめなどの生徒指導の増加などによる教員の多忙化の中で、協力校の確保は非常に困難になっている。

　そこで、4年間にわたる実践的指導力育成の体系化されたカリキュラムが構築されたことも受けて、上記の問題への対応策として、3週間＋3週間＝6週間6単位という過重な教育実習を見直し、教育職員免許法施行規則で規定された最低限度の3週間4単位の教育実習の中で必要十分な教師力を育成することとした。具体的には、「事前・事後の指導」1単位と、附属学校における3週間の集中による教育実習である「教育実地研究Ⅰ」4単位の合計5単位を、教育職員免許法で規定されている教育実習5単位として卒業要件を満たす方法に変換した。

　実践的指導力の育成をめざして教育現場における体験学習の強化が求められている中で、必修の教育実習を6週間から3週間に短縮したことは、現在の教員養成改革と逆向するといえる。しかし、集中した教育実習に留まらず長期にわたる教育実習以外の教育現場での体験的活動の重要性も指摘されており、東京学芸大学もそうした新しい方向に舵を切ったといえる。

　なお、3週間4単位の教育実習では実質15日間の実習が必要となるが、9～10月に行われていた「基礎実習」は祝日などで15日確保できないことも多かった。そこで3週間4単位の新たな「教育実地研究Ⅰ」では、15日間の実習を確保するために、事前のオリエンテーションの日数を増やし、これを教育実習で取り組む授業実践の準備にあて実習期間に参入することとした。

　これまで行われていた「応用実習」は、教員志望の強い学生が「教育実地研究Ⅰ」で見いだした課題を発展的に追究し、一層の実践的指導力を身につける協力校での3週間2単位の教育実習「教育実地研究Ⅱ」に変更した。

3. 教育実習プログラムの実際と課題

3.1 「教育実地研究Ⅰ」(基礎実習)の具体的展開と課題

「2015 カリキュラム」における「教育実地研究Ⅰ」は 2015 年入学の学生が三年生になった 2017 年から実施される。これは「旧カリキュラム」での「基礎実習」とほぼ類似した内容の教育実習を行うことになるので、「教育実地研究Ⅰ」の概要を「基礎実習」の実際で説明することに代える。なおその際、2015 年に教育実習委員会は中学・高校で「基礎実習」を履修した学生を対象に実施したアンケートを実施した(以下「2015 基礎実習アンケート」と称す)。その結果をふまえて、本学の教育実習の実際を述べる。

(1) オリエンテーションの役割

「基礎実習」では 6 月下旬に実習を受け入れる附属学校で、丸一日のオリエンテーションを行っている。オリエンテーションは各附属によって多少の相違はあるがほぼ類似しており、小学校の一例を挙げると［表4］のようである。

はじめに校長や副校長などから、その学校の概要が説明される。学校では教育目標を設定してそれにそった教育課程を編成しており、それが学校行事や授業の展開などに現れる。そのことを理解するための講話である。

学校は一年を単位に指導計画を立て、その中で構造的に教育が展開されているが、教育実習生はそのうちの 3 週間を切り取っての体験を積むことになる。教師力が端的に表れる授業実践力を確立するには短すぎ、その 3 週間を有効に生かすことが鍵になるため、オリエンテーションでは 3 週間の各週のめあてを明確にして、短期間で実践的教師力を育む流れを確認する。

小学校では大半の教科指導並びに生徒指導をクラス担任が行うため、クラスの子ども達との人間関係の構築は最も重要な課題である。そこで担当クラスを確認し、そのクラスの子ども達と理解し合う時間を設ける。同時に、授業実践力を育むための模範授業として、クラス担任や教科担任のべ

表4　オリエンテーションの一日の例

1限	校長	本校の概要並びに教育方針
	副校長	本校の教育課程の特徴、1年間、1日の教育活動
2限	教育実習担当教員	3週間の教育実習の流れ、実習のために準備する事項、実習期間中の注意事項
		配属クラスの発表
3限	各クラス担任	配属クラスで児童・生徒に挨拶ならびに交流
4限	各クラス担任	配属クラスでの授業参観
昼休み		
5限	各クラス担任	配属クラスの授業参観
6限	教育実習担当教員	教育実習必要書類提出等事務的事項の確認
放課後	各配属クラスの教員	9月からの教育実習にむけた準備の打ち合わせ(指導範囲の確認、事前の指導案作成等の指導計画、他)

テランの先生方の授業を参観して、授業計画作成の足がかりとする。

　児童・生徒下校後は、指導教員から実習期間に行う授業の範囲や内容について説明を受け、指導案の作成にむけて必要な準備と課題を確認する。実習生はこの一日のオリエンテーションでの指導内容を生かして、実習への準備を行い、9月の教育実習本番を迎える。

　「2015カリキュラム」では、これにさらに一日追加し、授業参観と指導教員との9月実習にむけた指導案作成など準備作業の指導を行うことにしている。

　「2015基礎実習のアンケート」で、実習期間中に実習校の教員の授業を観察した回数は平均4.5回、最小0回、最大20回であり、実習校の先生の授業を一度も見ないまま授業を行い、不安を抱えて授業実践をしている学生も少なくなかった。教育実習の第1週は授業参観を中心とした活動を想定しているが、様々な学校の都合からその機会を逸する場合もある。そこで追加されたオリエンテーションの一日は、担当教員の授業参観を中心とした活動を行い、教育実習第1週目の活動の補完をする取り組みを行う。

(2) 3週間の教育実習

　「旧カリキュラム」の「基礎実習」3週間の予定は［表5］のようになっ

ている。第 1 週では実習校教員の授業参観を中心に行われる。その参観をいかして実習生が行う授業実践の指導案を作成し、第 2 週に備える。第 2 週は実習生の授業実践が中心的な活動となる。3 週間目にはこれまでの教育実習の成果を集大成した研究授業が行われる。他の教育実習生や大学の指導教員などが参観し、授業の後にその授業の講評や協議が行われ、課題を認識しさらなる改善の目標を立てることになる。

実習期間中の授業実践を充分経験することで実践力が育まれると考えるが、その回数は必ずしも十分保証できていない。「2015 基礎実習アンケート」では、平均 12.4 回であるが、最小 3 回から最大 32 回に散らばっている。教育実習の手引きでは、実習生 1 人 5 〜 15 回の授業実践を行うこと想定しているが、実習生の配置は小学校の場合各クラス 4 人ほどになることが多く、1 週間 25 単位時間（回）の授業が展開されているとすると、実習生 1 人当たり週最大 6 回となる。したがって処々の事情から 5 〜 15 回の授業実践が必ずしも保証されないことも多くなる。

また、実習生の指導教員の大きな負担が、実習生の授業実践を推進できないことに影響していると思われる。すなわち、実習生が授業を実施するには、事前にその指導計画（指導案）が適正かどうかを担当教員がチェックし、修正指導をする。指導案の修正は一つの授業実践で 2 〜 3 回行われることも多く、実習期間中の週 25 回分の指導案作成指導は、教員の大きな負担となる。

3.2 「教育実地研究 II」（応用実習）の具体的展開と実際

東京学芸大学では［表 6］に示す内容を盛り込んだ 20 頁ほどの『教育実習関連科目　応用実習 (4 年次・必修) の概要 —— 教育実習にご協力してくださる先生へのお願い ——』（小学校用）（中学校・高等学校・中等教育学校用）を作成して協力校へ配布しており、学生指導の連携を図っている。

そこでは、指導内容の最低基準は満たすよう［表 7］のような指導計画例を提示している。基本的には基礎実習に倣い、第 1 週目は実習教の教員

表5　基礎実習の大まかな流れ

第1週目	授業の観察・参加と授業実践の準備
第2週目	授業実践（5から15回）
第3週目	研究授業の実施

表6　応用実習（4年次・必修）の概要（中学校・高等学校・中等教育学校用）冊子の目次

```
はじめに──学長挨拶──
1. 教育実習の目的と目標
2. 教育実習の構成
3. 教育実習関連科目の趣旨と内容
4. 応用実習の目的と意義
5. 応用実習の事前指導（オリエンテーション）
6. 応用実習の指導計画例
7. 出勤簿・成績報告書等についてのお願い
8. 成績報告書の記入について
9. 教育実習に関する連絡先・問い合わせ先
おわりに
様式見本   1. 出勤簿（様式08-3）
          2. 教育実習報告書（様式08-1）記入についての補助資料
          3. ご意見ご要望
資料      1. 東京学芸大学の教育組織
          2. 学生に配布した資料の例
```

表7　応用実習の指導計画例

第1週	・実習生の着任式、指導教諭・学級への配属 ・校長、副校長（教頭）の講話 →学校教育委目標、学校組織や児童・生徒の実態、地域社会の特色 ・授業参観（特別活動などを含む） →参観後に、授業内容や指導案等についての指導講話 ・授業実践に向けての指導 →教材研究、指導案の作成、教材教具の準備
第2週	・学級経営（学級事務などを含む）への参加 ・第1週の後半もしくは第2週から実習生の授業開始 →放課後の反省会にて研究指導 ・研究授業に向けての指導 →課題設定、指導案作成、教材教具の準備
第3週	・実習生の研究授業及び研究協議会 →まとめとしての研究指導 ・実習生の離任式

の授業参観ならびに2週目の授業実戦に向けた教材や指導案の作成、第2週は実習生による授業実践、第3週目は研究授業および研究協議会の開催である。

　これらの実施をサポートするために、大学教員に連絡教員を担う（2015年度では341校を254人で担当）。連絡教員は、①実習生面接による実習生の把握、②実習校との連絡、③実習前に実習校に出向いた挨拶と実習内容の確認、④実習初日などに出向いて挨拶、⑤実習期間中に訪問して実習状況の把握、⑦研究授業の参観および研究協議への出席、協力、⑧実習後のお礼の挨拶、を行っている。多数の教員がこれらの役割を十分果たせるように、10頁程の『応用実習（協力校）について―連絡教員の先生方へのお願い―』を配布し、役割の確認をしてもらっている。

　応用実習校からは、教育実習実施後にご意見ご要望を伺っている。その中では「担当の先生は、（中略）何度かご来校くださり、（中略）授業を参観し（中略）1時間にも及び指導を丁寧にされていた。協議会にも参加してくださり、大学の一人一人の学生を大切に育てている姿勢が印象的」という大学の指導体制を評価する意見がある一方、「実習生に対するバックアップが弱いように感じています。他の私立大学は、実習前から、打ち合わせ等を良く行っています」など課題を指摘する意見もある。連絡教員が多数であることから、必ずしもその役割を十分に遂行できていない教員もおり、課題となっている。

4. 東京学芸大学の教育実習の成果と課題

　実際の児童・生徒の前で責任ある授業を展開するストレスは実習生にとって非常に大きく、中には教壇に立てなくなってしまう学生もいる。東京学芸大学の教育実践研究支援センター実習部門では、そうした学生が教育実習をやり遂げられるように精神的に支えるシステムを構築している。具体的には実習期間中にカウンセリングの専攻にいる大学院生を待機させ、ニーズにそって実習校に赴き、実習生に付き添って精神的な支えとなっ

て、実習をやり遂げるように支援をしている。その統括は実習部門の大学教員が担っており、必要に応じて教育実習を専門分野としている教員が実習先に出向き、問題の所在を見極め、必要な支援を行っている。こうしたシステムによって、これまでも多くの学生が教育実習を最後までやり遂げることができている。

　東京学芸大学ではこれらの教育実習をスムーズに運営するために教育実習委員会と、附属学校の基礎実習を運営する教育実習実施委員会が設置されている。さらに事務組織の中に教育実習を専ら担当する係があり、様々な課題に対応している。毎年、教育実習の課題を整理し、そのシステムの改善をはかっているが、そうした中では解決できない個別の問題が発生することも多く、実習委員会は附属学校や協力校を統括する教育委員会と連携を持ちながら、問題解決を図っている。教育実習実施委員会では、教育実習に関する各学校からの意見を伺っているが、その中では実習生の教科専門の知識・技術不足を指摘する声も多い。例えば、「教科専門に関して、(中略)授業を立案できる専門性を深め」てほしい。「教科専門性が不十分で、高校での授業に耐えられない学生」が多いといった意見が寄せられている。教員免許状を付与する必要最低条件における教科専門は20単位以上と、必ずしも多くの専門性を教員免許状取得の条件としておらず、そのことがそれぞれの専門性の習得の不十分さを作り出しているのかもしれない。本学は専門を重視したピーク制の教育課程を編成しているが、例えば社会の地理、歴史（日本史、世界史）、公民（現代社会、倫理、政治・経済）、理科の物理、化学、生物、地学など多岐にわたる専門性すべてを4年間で深く学ぶ教育課程にはなっていない。これらの専門的な知識をどのように獲得するかその方策術を身につけることも、教員養成系大学では求められているのかもしれない。

　　［おことわり］本稿脱稿後に教育職員免許法が改められ、2019年
　　4月の入学者からは、科目区分が大括り化されているが、ここで

はこれまでの東京学芸大学の取り組みを述べる上で、従前の枠組みに依拠している。

第 2 章

中学校数学科における教育実習の事例研究

矢嶋 昭雄

1. はじめに

1.1 研究の背景

　筆者は、教育実践研究支援センターの教育実習指導部門教員として、教育実習に関する研究および指導を行ってきたが、その数年前までは本学附属中学校の数学科教員として、教育実習生を受け入れる立場にあった。18年間にわたり、毎年十数人程度の教育実習生と関わってきたが、その指導の内容や方法については、先輩の教員から教わったもの（その中学校の数学科で、代々受け継がれてきたもの）をもとに、自身の教員経験から得たものや同僚の教員から教わったものを加味して構成してきたものであった。もちろん、大学と附属学校が協同して作成した「教育実習の手引」等の資料も参考にしていたが、「期間が3週間であれば、第1週は授業観察と指導案作成を中心として、第2週から授業実践を経験させて、第3週にまとめの研究授業を設定する」という大枠を意識する程度で、実際の指導にあたっては多くの部分を経験則によっていたと言える。
　そのため、他の附属中学校の教員と話をすると、教育実習の指導内容や方法に違いを感じることもあった。例えば、実習生が担当する授業数なども学校によって大きな差がある場合があった。
　教育実習生を送り出す立場となって改めて考えてみると、カリキュラムとしては大学での「事前・事後の指導」と学校現場での「教育実習」に関して、意味のある連携ができるように工夫しているものの、教育実習の内容については、やはり実習校に一任している状況がある。このことについては、藤枝(2001)[1]が詳細な調査研究に基づいて「教育実習のブラックボ

クス化」と指摘している。

教員養成や教員免許制度の在り方について、様々な議論がなされ、免許更新制や新規必修科目「教職実践演習」の導入をはじめとする種々の施策が行われる中、教育実習の在り方についても十分な議論が必要なのは言うまでもない。学校現場の教職員の協力なしには成立しない教育実習を、どのように位置付けて運営していくかを考えていかなくてはならないが、そのためにはまず本学での現状を把握しておく必要がある。

本稿は、筆者が「事前・事後の指導」を担当している中高数学科教員免許状の取得を目指す学生の教育実習について、その実際の状況を学生の事後レポート等から研究したものである。

1.2　本学の教育実習の概要

本学では、教職課程全体を通して、「大学での学び」と「学校現場での学び」を有機的に結びつけることをねらいとしており、そのため、4年間にわたって教育実習関連科目を設定している［表1］。

表1　東京学芸大学の教育実習関連科目

	科目名	開設学期	内容	単位数等
①	教職入門	1年次秋学期	講義 + 学校参観（1日）	2／必修
②	観察実地研究	2年次9月	講義 + 学校参観（3日）	1／選択
③	事前・事後の指導	3年次春学期	講義　+　演習	1
④	基礎実習	3年次9月	教育実習3週間　附属学校	3　　6／必修
⑤	応用実習	4年次6月	教育実習3週間　協力学校	2
⑥	教職実践演習	4年次秋学期	講義　+　演習	2／必修
⑦	研究実習	4年次秋学期	教育実習2週間相当	1／選択

※ 免許法で規定される「教育実習」の単位として認定されるのは、③〜⑤の6単位

この表の中で、教育職員免許法で規定される「教育実習」を分散積み上げ型としている点に特徴がある。すなわち、三年次基礎実習と四年次応用実習の2回をいずれも必修としており、事前・事後の指導と合わせてこの順に履修し、それぞれ単位認定を受けることで、免許法上の単位を満たすことができるようにしている。

2. 研究の目的と方法

2.1　目的

　本学学生が行っている教育実習の実際の状況を知り、教育実習の課題を踏まえてカリキュラムや指導内容および方法の改善を図ることが大きなねらいとなる。

　そこで、ここでは筆者自身が以前に担当していた「事前・事後の指導」を受講した学生を対象に考察することにする。この授業は、主免許として中高数学科の教員免許状を取得する学生向けに開設されているものである。データとしてはやや古くなるが、今回対象とするのは2007年度と2008年度に入学した学生であり、それぞれ次のような人数であった［表2］。

表2　考察対象とした学生の所属と人数（合計101人）

	入学年度	人数	基礎実習（附属学校）
①	2007年	50	2009年9月実施
②	2008年	51	2010年9月実施

　これら学生の教育実習の実際の様子から、今後の教育実習の改善の方向性を探ることをねらいとする。

2.2　方法

2009、2010年度に「（中学校・高等学校数学科）事前・事後の指導」を

受講した学生101人が作成した教育実習事後レポートから、担当授業時数、担当単元名、教職への志望状況、教育実習の成果と課題、教育実習への要望等の記述を読み取り、それらを分類整理することで、教育実習の実際について考察する。

3. 中学校・高等学校における数学科教育実習

3.1 事前指導の内容

「事前・事後の指導」の指導は、基礎実習をはさむ形で三年次春学期に設定されている。全15回のうち事前（4〜7月）に12回、事後（10月）に3回の授業を大学で行っている。

このうち、事前指導は次のように進めている［表3］。

それぞれの内容から分かるように、教育実習に向けた具体的な準備を段階的に進めていく形である。なお、第3回、第10回に設定されている「共

表3 事前指導の授業計画

	テーマ	内容		実施日	担当等
1	ガイダンス	事前指導のねらいと概要		4月12日	矢嶋
2	観察・参加の基礎	授業観察記録の方法		4月19日	矢嶋
3	共通講義1	基礎実習の位置づけと概要		4月26日	実習担当教員
4	観察・参加の基礎	授業観察の実際（附属小金井中）		5月10日	矢嶋
5	授業設計の基礎	中学校	学習指導要領と教科書	5月24日	附属中教員
6			教材研究と授業設計	5月31日	附属中教員
7		高等学校	学習指導要領と教科書	6月7日	附属高校教員
8			教材研究と授業設計	6月14日	附属高校教員
9	授業運営の基礎	授業計画と学習指導案作成		6月21日	矢嶋
	＊附属学校での基礎実習オリエンテーション　（6月25日）				
10	共通講義2	教育実習の心得と直前の準備		7月5日	実習担当教員
11	授業運営の基礎	発問、板書、ワークシートの準備		7月12日	矢嶋
12	教育実習に向けて	実践研究における課題の設定		7月19日	矢嶋

＊印5単位が教員免許状取得要件の教育実習5単位となる。

通講義」は、普段は教科ごとに分かれて受講している学生を集めて、教育実践研究支援センターの教育実習指導部門教員が全体的な説明を行うものである。

　第4回については、大学キャンパス内にある附属小金井中学校に行き、実際の授業を観察する。授業後には、それぞれが取った観察記録をもとにディスカッションを行う。その際、授業者である附属中学校の教員にも同席してもらい、授業のねらいや工夫点などの生の声をもとに議論を深めている。

　また、第5回から第8回の「授業設計の基礎」の部分では、附属中高の教員を講師に招き、教材研究や授業設計の方法や留意点について講義をしてもらっている。

3.2　学生が作成した事後レポート

　附属学校での「基礎実習」が終了した三年次10月下旬に、「事前・事後の指導」の事後部分として、3コマ分の集中講義を行っている。そこでは、自身の教育実習を振り返って成果や課題を整理することを主に行っている。「基礎実習」では、五つの附属学校（世田谷中学校、小金井中学校、竹早中学校、高等学校、国際中等教育学校）に分かれて実習を行うので、全体の前でそれぞれの実習について報告することを取り入れ、お互いの成果や反省を共有するようにしている。

　この講義をもとに、教育実習事後レポートをまとめて提出するように指導している。レポートの作成にあたっては、3週間の基礎実習を通して学んだことについて具体的な事実に基づいて考察し、記述するように求めている。また、レポートの表紙には、担当した授業で扱った単元名、授業回数、基礎実習に対する質問・意見・要望を記入する欄を設けてある。

(1) 附属学校ごとの実習生数

　実習生の配当にあたっては、教員1人あたりの実習生数が2〜3人になるようにしているが、それぞれの学校の事情や教員の校務分掌および持ち時数などによって指導する実習生の数には違いがある［表4］。

表4　附属学校ごとの実習生数

学校名	指導教員数（数学科）	教育実習生数 2009年度	教育実習生数 2010年度
附属世田谷中学校	3	6	5
附属小金井中学校	3	10	5
附属竹早中学校	3	8	6
附属高等学校	10	26	22
附属国際中等教育学校	7	0	13
合計	26	50	51

表5　実習生が担当した単元・内容

	2009年度	2010年度
中学1年	「文字と式」「方程式」	「文字と式」「方程式」「平面図形」
中学2年	「1次関数」「図形の性質」「確率」	「1次関数」「図形の性質」「確率」
中学3年	「2次方程式」「関数 $y=ax^2$」	「2次方程式」「関数 $y=ax^2$」
高校1年	「図形と計量（三角比）」（数I）「場合の数と確率」（数A）	「図形と計量（三角比）」（数I）「場合の数と確率」（数A）
高校2年	「微分法」「積分法」（数II）「数列」「ベクトル」（数B）	「微分法」「積分法」（数II）「数列」「ベクトル」（数B）
高校3年	―	「二次曲線」（数C）

　なお、2009年度について、国際中等教育学校が「0」であるのは、校舎改築工事中だったため、実習生を配当しなかったことによる。

(2) 実習生が担当した単元・内容

　実習生が担当する単元・内容は、各実習校の年間指導計画に沿って、9月および10月にあたる部分を実習生が担当しているので、例年ほぼ同じ単元となることが多い［表5］。

　ただし、初めて授業を行う実習生にとって、教材研究や学習指導が比較的しやすい部分を担当することができるように、実習校の先生方が授業進度を調整したり、指導順序を入れ替えたりして配慮している場合も少なくない。そのため、単元の導入部分や利用・活用の部分を担当した実習生が

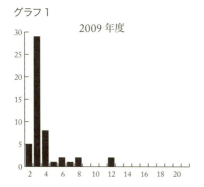

グラフ1　2009年度

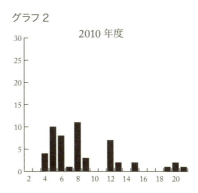

グラフ2　2010年度

表6

	2009年度	2010年度
最小値	2	4
最大値	12	21
平均値	3.9	8.7
中央値	3	8
最頻値	3	8

比較的多い。

(3) 実習生が担当した授業の回数

　実習生が担当した授業の回数は次の通りである［グラフ1、2、表6］。

　2009年度の基礎実習の授業回数が極端に少ないのは、次の二つの理由による。

- 改築工事のため、例年は5校に配当するところを4校に配当したこと
- 新型インフルエンザの大流行により実習校の生徒が集団感染し、教育実習期間中に学級閉鎖等の措置がとられたこと

　特にインフルエンザについては、実習校の教員および実習生にも感染者が出て、教育実習の運営自体も混乱したが、それぞれの実習生が少なくとも複数回の授業実践を行うことができるようにし、授業実践の不足分は模擬授業の実施等により補うことで対応した。

(4) 教育実習についての成果と課題（反省）

　学生のレポートには、3週間の基礎実習で学んだことをもとに、様々な成果と課題が述べられていた。以下にその抜粋をあげるが、内容によっていくつかに分類した。

①成果

「授業内容に関するもの」
- 教材研究の重要性を理解することができた。
- 一方的な授業ではなく、生徒とのやりとりを大切にしなくてはいけないことに気づいた。そのために、教材研究を深めることが必要だとわかった。
- 教材研究に力を入れ、導入や発問を工夫したことで、生徒に考えさせる時間を多くつくることができた。
- 生徒の主体的な活動を促し、クラスで課題を共有するような授業づくりを目指した。
- 身近な題材を取り上げたことが、生徒の主体的な活動や理解を促すことにつながった。
- 教材研究や授業の準備に対する取り組み方について知ることができた。
- 問題解決型の授業を行うには、メインとなる問題が重要になる。題材探しと発問の難しさを痛感した。
- 授業について考える際に「生徒のために」を常に意識することの大切さがわかった。
- 生徒の反応を的確に予想することの重要性を実感することができた。
- 授業前の準備（学習指導案や板書計画の作成、模擬授業の実施など）の大切さと難しさを感じながら、全力で取り組むことができた。

「授業運営の技術に関わるもの」
- 授業設計、板書、生徒とのやりとりなどの方法を身につけることができた。
- 授業でコンピュータを利用したが、生徒の反応が活発になることがわ

かった。
- 課題提示にコンピュータを利用したので、生徒が興味を持ってくれた。
- しっかりとした板書計画を立てることによって、授業をスムーズに展開できることがわかった。
- 発問の仕方によって生徒の反応が大きく異なることがわかった。
- 授業中、教室全体に気を配ることが徐々にできるようになった。そこから生徒の反応に合わせて授業を進めることができるようになった。
- 生徒の自主的な活動を促す視点を持った。
- 「授業の流れ」ということが、ぼんやりとではあるがわかってきた。

「生徒理解に関するもの」
- 生徒の理解の差を意識できるようになった。
- 生徒との触れあいの時間を多くとることができたので、生徒を理解する上で役立った。
- 中学生の実態やクラスの人間関係などを知ることができた。
- 生徒との距離感が大事であることがわかった。
- 部活動に参加したことで、生徒との距離を縮めることができた。
- 生徒の実態に合わせた授業の大切さを実感できた。

「その他」
- 常にその先を予測することの大切さを実感した。
- 授業の回数を重ねていく中で、一つ一つの課題を改善していくことができた。

②課題（反省）

「授業内容に関するもの」
- 数学的な知識・理解の不足を感じた。
- 授業を運営する技術について課題は多いが、それよりも「生徒と一緒に数学をつくる」という授業ができるようになるために、数学的な知識・理解を深め、しっかりとした教材研究をしていきたい。
- 教材研究が足りないと感じた。事前に深めておけば防ぐことのできたミスが目立った。
- これまでは教科書に載っていることを授業で扱うのは当然のこととし

てとらえていたが、「なぜ」それを学ぶのかを授業者として明確にしなくてはいけないと指導を受けた。今後の課題としたい。
- 授業者が内容を説明することの多い「教師主導」の授業になってしまった。教材研究を深めて、課題の設定や発問の仕方を工夫し、「生徒主体」の授業を目指していきたい。
- 実際に授業を担当するようになってから、準備不足であることを痛感した。常日頃から数学についての知識や理解を深めていく必要がある。
- とにかく準備不足であった。特に、教材研究が不十分だったため、指導目標が曖昧になり、生徒にとって何が大事なのかがわかりにくい授業になってしまった。
- 予想していなかった生徒の反応に、うまく対応ができなかった。事前に十分な予想ができるよう、教材研究を深めることを心がけたい。
- コンピュータを用いて課題を提示したので、視覚的にはわかりやすいものになったが、生徒が数学的に考え、自らイメージする力を身につけることができなかった。

「授業運営の技術に関するもの」
- 読みやすい板書をすることができなかった。
- 板書したことをそのままノートに写す生徒が多いので、そこを意識してしっかりと整理した板書ができるようにしたい。準備不足だった。
- 板書や時間配分などが思うようにいかず、四苦八苦した。
- ワークシートの効果的な活用を考えていきたい。
- 時間配分ばかりに気をとられて、全体としてバタバタした授業になってしまった。授業のポイントとなるところを意識して、メリハリのある授業を心がけたい。
- 発問の仕方が難しかった。問いかけの意味がうまく生徒に伝わらないことがあった。
- 「生徒が主体的に考える」という発問をすることができなかった。
- 発問の仕方を工夫し、生徒が考えたくなるような場面をつくりたい。
- 生徒の発言を授業に生かすことがとても難しかった。
- 机間巡視で生徒の考えを把握し、授業にいかせるようにしたい。

- 机間指導がうまくできなかった。

「生徒理解に関するもの」
- 放課後は授業の準備に追われて、生徒との関わりが不十分だった。応用実習では、授業以外の場面でも積極的に生徒に関わるようにしたい。
- 生徒との関係を密にする必要を感じた。
- なかなか生徒の名前を覚えることができず、授業での指名に戸惑うことがあった。

「その他」
- 教師としての言葉遣いや行動についての自覚が足りなかった。

(5) 教職への志望状況

「事前・事後の指導」の最初と最後の授業で回収したコメント用紙に、教職への志望状況を記入する欄を設けておいた［表7］。

なお、無回答の学生がいたため、合計が受講者数とは一致していない。

基礎実習の前後によって志望状況が変化した学生は、次の通りである［表8］。

(6) 教育実習に対する学生の要望

約半数（51人）の学生が、「基礎実習に関する質問・意見・要望」の欄

表7　教職への志望状況

		教職を志望	志望しない	迷っている	合計
2009年度	実習前(4月)	34	3	12	49
	実習後(10月)	28	6	16	50
2010年度	実習前(4月)	26	10	14	50
	実習後(10月)	26	12	12	50

表8　実習前後の教職志望状況の変化

実習前	実習後	2010年度	2011年度
教職を志望	志望しない	1	1
	迷っている	9	4
志望しない	教職を志望	—	—
	迷っている	—	3
迷っている	教職を志望	3	5
	志望しない	2	4

に記入していた。しかし、「充実した教育実習となった」「多くの人に支えられて実習が行われていることがわかった」「お世話になり、ありがとうございました」などの感想や謝辞も多く、要望にあたるものは 20 件ほどであり、それらはおよそ次の 3 点であった。

①授業回数に関するもの
- もっと授業を担当したかった。
- 授業を 4 回担当したが、ようやく慣れてきたところで終わり…という感じでした。
- 仲間の中には、多くの授業を担当することができた人もいる。授業回数の違いに不公平さを感じた。
- 今回は特別な事情（改築、インフルエンザ）のため仕方ないが、どの実習生も最低 5 回程度は授業を持つことができるといいと思う。

②専任教員の授業を参観する機会に関するもの
- 実習の早い段階で実習生の授業が始まり、一度始まるとほとんど実習生が行う授業ばかりになって、実習校の先生が行う授業を参観することができなかったのが残念。
- 現場の先生の授業をあまり見られなかったのでそういった機会がもっとあると良かった。

③配当に関するもの
- 中学校での実習を希望していたのに、高等学校での実習になった。全体として仕方ないことだと思うが、これと逆になった友人がいたので、やや不満。
- 住んでいるところから一番遠い附属学校に配当されてしまった。

3.2　数学科教育実習の状況と考察

(1) 附属学校ごとの実習生数から

　数学科の教員数と実習に臨む学生の数から、教員 1 人あたりの指導学生数は、2 ～ 3 人を想定している。実際にも概ねこのようになっていたが、2009 年度の基礎実習については、50 人の実習生を 4 校に配当したため、

教員1人あたりの実習生が4人以上になってしまう場合があった。

4人以上になってしまうと、学習指導案作成など授業準備の指導にあたって1人あたりの実習生にかけられる時間が当然限られてしまう。そのような場合、教員が放課後遅くまで残って指導をしてくださることが多いが、実習生の側からすると十分な指導が受けられないまま授業に臨むことになり、不安が大きくなる。中には、このことに不満を持つ学生も出てくる。今回のレポートの中にも、直接的な表現ではないが、そのような感想を記していたものがいた。

また、1人の実習生が複数のクラスの授業を担当することも難しくなる。同じ内容の授業を複数のクラスで行うことで、1回目の授業の課題や反省をダイレクトに生かしたり、生徒の反応の違いを比較したりすることができるが、そのような機会が設定できない。これについても「同じ指導案で他のクラスでも授業をしてみたかった」という感想を記述していた学生が見られた。

逆に、教員1人に実習生が1人だけ配当される場合もあった。これは、当該教員の校務分掌や実習期間中の授業数によるものと思われる。この場合、時間的な余裕が生まれ、学習指導案の検討や授業実践の省察などにおいて丁寧な指導が期待できる。実際、「丁寧に指導していただいてありがたかった」という感想が見られたが、その一方で「他の学年では、(複数の)実習生が協力して授業準備をしていて、羨ましかった。同じ内容を担当する実習生同士で、気軽に意見を言ったり相談したりするのはメリットが大きいように感じた」とも記していた。

これらのことから、教員1人あたり2〜3人の実習生を配当することには、十分な妥当性があると考えられる。

(2) 実習生が担当した授業の回数から

2009年度については、先に述べたような理由で、あまり参考になる数値ではない。大雑把ではあるが、インフルエンザによる学級閉鎖等のため、実習生の授業機会がほぼ半減したと言える。そこで、考察にあたっては、2010年度の数値をもとに行うことにする。

前節で述べた教員数と実習生数との関係もあるが、1人の実習生が担当

表9　1人の実習生が担当した授業回数の平均（2010年度）

	世田谷中学校	小金井中学校	竹早中学校	高等学校	国際中等教育学校
授業回数	8.0	8.2	18.3	5.7	10.2

した授業回数については、学校ごとの平均値に違いが見られる［表9］。

　高等学校については、教員数が多いので実習生も多く配当されているが、高校三年生の授業は実習生が担当しないことから、平均回数が少なくなっていると思われる。また、A類（初等教育教員養成課程）に所属する四年生の希望者が副免許取得のために2週間の選択実習を行うが、高等学校についてはその期間が三年生の基礎実習と一部重なっていることも原因としてあげられる（中学校については、重なっていない）。

　実習開始後、何日目から実習生の授業実践が始まるかによる違いもある。竹早中学校では、実習開始前に学習指導案の検討などの授業準備を終えておいて、開始直後から実習生の授業実践が設定されている。他の学校では、第1週は教員の授業を参観することが中心となり、平行して授業実践の準備を進めていく。第2週の半ばから実習生の授業が始まる形である。

(3) 教育実習についての成果と課題（反省）から

　三年生の4月に「事前・事後の指導」が始まると、学生たちは「いよいよ教育実習だ」という期待と不安が高まってくる。それは、授業を受ける態度からもハッキリと伝わってくる。たとえば、第2回の授業では、「教育実習の初日に40人の生徒で行うことを想定した自己紹介」を全員で行うが、緊張しながらも真剣に取り組み、互いに声の大きさや言葉遣い、姿勢や視線などについて指摘しあう様子が見られる。

　このような形で徐々に具体的なイメージを意識しながら準備を進めていくものの、「50分間、立ち往生することなく授業ができるのか」「生徒とうまくコミュニケーションがとれるのか」などの不安は最後まで解消することなく、教育実習に臨むことになる。

　教育実習期間中は附属学校教員の適切な指導のもと、それぞれの学生が授業実践を経験し、1人の脱落者もなく基礎実習を終えることができた。

その事後レポートの成果と課題については、一つの共通点が見られる。それは、生徒主体の授業を目指そうとする姿勢である。

　事前指導の段階では、自身が中学校・高等学校で受けてきた数学の授業を振り返って、教科書に沿って知識や技能を学んだ後にそれを使う問題を解いて答え合わせをするという教師主導の授業をイメージする学生が多い。問題の解き方をいかにわかりやすく教えるかが大切だという意識を持っている。

　しかし、基礎実習を経験して、生徒主体の授業の大切さを実感したことが、学生のレポートからわかる。もちろん、スムーズに授業を進めていくための技術の乏しさに気づき、そのスキルアップを課題としてあげる学生も多いが、それと並んで「生徒の主体的な活動」「生徒の多様な反応」などを積極的に授業に生かそうとする視点での記述も多い。また、そのために自身の数学についての知識・理解を深め、しっかりとした教材研究ができるようになることが必要であると多くの学生が言及している。これらは中学校学習指導要領[2]や高等学校学習指導要領[3]でそれぞれ示されている数学科の目標に、直接結びつく内容である。

　教科教育法などの「大学での学び」が、実際の生徒を前に授業を行う「学校現場での学び」を経て、一歩前進した姿としてとらえることができる。

(4) 教職への志望状況から

　この2年間の受講生101人の中で、実習前および実習後に教職志望であった学生は、それぞれ60人、54人である。

　実習前と実習後に志望状況が変化した学生は延べ32人いた。このうち、「教職志望→迷っている」と変化した学生の数人と話をすることがあったが、各々「大学院への進学を考え始めたため」、「教育実習を経験して教員の仕事の大変さを実感したため」を理由としてあげていた。

　また、「迷っている」から変化した学生は、基礎実習での経験が何らかの形で志望を決めるきっかけとなったと思われるが、昨今の厳しい就職活動の状況等を踏まえると、この段階ではあくまで暫定的なものであると考えられる。

(5) 教育実習に対する学生の要望から

　授業時数の少なさに関するもののほとんどは、2009年度のものであるが、2010年度についても高等学校で実習を行った学生が、中学校の実習の様子を聞いて「自分たちももっと授業を経験したかった」というものがあった。

　配当に関する不満等は一部にはあるが、多くの学生がこの時期に集中して教育実習を行うことから多少の不便はやむを得ないと考えているようである。基礎実習に関する全体的な満足度は概ね高く、充実した3週間を送ることができたようである。

4. まとめと課題

4.1　まとめ

　これまで述べてきた附属中学校・高等学校・中等教育学校における数学教育実習の実際と、学生の事後レポートの考察から、次の点がまとめられる。

(1) 教育実習生と指導教員の数について

　中高数学科教員免許状の取得を目指して教育実習に臨む学生は、およそ50人である。この人数に対して、附属中学校・高等学校・中等教育学校の数学科教員は26人であり、配当する上でほぼ適正な人数であることがわかった。

　また、学生としては、1人の教員が担当する実習生は2人もしくは3人であることが、教育実習を行う上で望ましい条件の一つとなると考えていることがわかった。

(2) 実習生が担当する授業数について

　2010年度については、実習生1人あたり平均8.7回の授業を担当したことがわかった。実習校によって担当する授業数には違いがあることもわかった。

　また、学生の希望として「少なくとも5回以上の授業を担当したい」、「一

つの学習指導案で複数のクラスの授業を行いたい」などがあることがわかった。

(3) 学生の成果と課題について

　基礎実習を経験することによって、生徒主体の授業の大切さを実感する学生が多いことがわかった。生徒が主体的に活動する授業や、生徒の多様な考えを生かす授業を行うためには、授業者が数学についての知識・理解を深めた上で、しっかりとした教材研究を行うことが必要であるとして、そのことを今後の課題としてあげていた。

　また、授業運営の基礎的な技術として、発問や板書の方法を課題としてあげる学生が多かった。

4.2　今後の課題

　昨今の教育課題に対応するために、教員の資質として「実践的指導力」の重要性に注目が集まっている。教員養成段階においても「『教員としての最小限必要な資質能力』を確実に身に付けさせる」[4]ことが求められている中で、教育実習は「学校現場での教育実践を通じて、学生自らが教職への適正や進路などを考える貴重な機会であり、今後とも大きな役割が期待」[5]されている。

　本学の今後の教育実習のあり方を考える上で、学生の事後レポートに基づいた実態調査から一定の知見を得ることができた。しかし、まだ不十分である。

　今後の課題としては、次のことがあげられる。第1は、附属学校の数学科教員が感じている教育実習の課題を明らかにしていくことである。第2は、基礎実習から応用実習へのつながりに焦点を当てることで、「大学での学び」と「学校現場での学び」の有機的な往還について考察することである。第3は、中高数学科だけではなく、他教科、他校種の教育実習についても状況把握に努め、全体に共通する課題、教科や校種個別の課題等を明らかにすることである。

注および参考文献
1 藤枝静正(2001)、『教育実習学の基礎理論研究』風間書房、pp.92-93
2 文部科学省(2008)、「中学校学習指導要領(平成20年3月告示)」
 第2章 第3節 数学
 第1 目標
 数学的活動を通して、数量や図形などに関する基礎的な概念や原理・法則についての理解を深め、数学的な表現や処理の仕方を習得し、事象を数理的に考察し表現する能力を高めるとともに、数学的な活動の楽しさや数学のよさを実感し、それらを活用して考えたり判断したりしようとする態度を育てる。
3 文部科学省(2009)、「高等学校学習指導要領(平成21年3月告示)」
 第2章 第4節 数学
 第1款 目標
 数学的活動を通して、数学における基本的な概念や原理・法則の体系的な理解を深め、事象を数学的に考察し表現する能力を高め、創造性の基礎を培うとともに、数学のよさを認識し、それらを積極的に活用して数学的論拠に基づいて判断する態度を育てる。
4 中央教育審議会(2006)、「今後の教員養成・免許制度の在り方について」
 「教員として最小限必要な資質能力」とは、平成9年の教養審第一次答申において示されているように「養成段階で修得すべき最小限必要な資質能力」を意味するものである。より具体的に言えば、「教職課程の個々の科目の履修により修得した専門的な知識・技能を基に、教員としての使命感や責任感、教育的愛情等を持って、学級や教科を担任しつつ、教科指導、生徒指導等の職務を著しい支障が生じることなく実践できる資質能力」をいう。
5 同上

 本稿は、「中学校・高等学校における数学科教育実習についての考察 ―基礎実習を終えた学生のレポートから―」(東京学芸大学教育実践研究支援センター紀要 第7集 pp.43-50)を加筆修正したものである。

参考資料　　東京学芸大学　中等教育教員養成課程　数学専攻カリキュラム

科目群・領域		授業科目（単位数）	単位	合計
教養科目	総合学芸領域	日本国憲法(2)、人権教育(2)、情報(2)　←必修 その他に、5分野30科目から3科目選択(2)×3	12	22
	健康スポーツ領域	フィットネス実習(1)、ウェルネス概論(1)	2	
	語学領域	英語(1)×2 独・仏・伊・西・中・朝などから選択(1)×2 その他(2)	6	
	選択	総合学芸領域、健康スポーツ領域、語学領域から選択(2)	2	
教育基礎科目	教職の意義等に関する科目	教職入門(2)	2	36
	教育の基礎理論	教育の理念と歴史(2)、教育組織論(2) 教育心理学(2)、障害児の発達と教育(2)	8	
	教育課程及び指導法に関する科目	道徳教育の研究(2)、特別活動の理論と方法(2) 中等教育の内容と方法(2) 中等数学科教育法Ⅰ(2)、Ⅱ(2)、Ⅲ(2)、Ⅳ(2)	14	
	生徒指導及び進路指導に関する科目	生徒指導・進路指導の理論と方法(2) 教育相談の理論と方法(2)	4	
	教育実習	事前・事後の指導(1) 基礎実習(3) 応用実習(2)	6	
	教職実践演習	教職実践演習(2)	2	
専攻科目	教科・教職に関する科目	数学科と情報(2)、数学カリキュラム論B(2) 数学教材論Ⅰ(2)、数学教材論Ⅱ(2) 基礎数学(2)	10	64
	専攻に関する科目　必修	微分・積分学(4)、演習Ⅰ(1)、演習Ⅱ(1) 線形数学(4)、演習Ⅰ(1)、演習Ⅱ(1) 解析学Ⅰ(2)、解析学Ⅱ(2) 代数学Ⅰ(2)、代数学Ⅱ(2) 幾何学Ⅰ(2)、幾何学Ⅱ(2) 確率・統計Ⅰ(2)、確率・統計Ⅱ(2) コンピュータ概論(2)	30	
	専攻に関する科目　選択	位相数学(2) 解析学特論AⅠ(2)、AⅡ(2)、BⅠ(2)、BⅡ(2)、C(2)、D(2)、E(2) 代数学特論AⅠ(2)、AⅡ(2)、BⅠ(2)、BⅡ(2) 幾何学特論AⅠ(2)、AⅡ(2)、BⅠ(2)、BⅡ(2) 確率論特論Ⅰ(2)、Ⅱ(2)、統計学特論Ⅰ(2)、Ⅱ(2) 数学教育研究B(2) 数学概論（外国語活用科目）(2) 情報数理(2)　　　　　　　から10科目選択(2)×10	20	
	卒業研究		4	
自由選択科目			8	8
		卒業単位→合計		130

第 3 章

中学校社会科における教育実習の事例研究

荒井正剛・坂井俊樹

1. 日本の中学校（前期中等教育）社会科について

1.1 社会科の成立と変遷

(1) 社会科の導入と変遷

　日本にはじめて「社会科」(Social Studies) が学校現場に登場したのは、アジア太平洋戦争の敗戦（1945 年 8 月 15 日）から 2 年後の 1947 年 5 月からである。それまでの国家主義的な日本を改める役割の一翼を担って、民主主義を推進する重要な役割を期待されていた。これによって、中学の一部の日本史と高校を除き、地理教育、歴史教育、修身〈戦前道徳〉という分離していた教科学習が停止されることになった。この社会科は、アメリカの経験主義というプラグマティズムの影響もあり、教育内容よりはむしろ実践性と子ども達の市民としての活動を中心にした学習であり、地域の諸課題から教育課程が創造されたのである。したがって旧来の歴史科、地理科、政治・社会・経済といったヨーロッパ型の社会に関する教育とは異なり、子ども達の生活現実から総合的に教育が推進されたのである。このように地理科、歴史科といった学問体系とは異質な「社会科」が日本ではスタートしたのである。

　敗戦後の 10 年ほどの間が、日本の社会科の理想的な教育が推進された段階とみなし、教育研究者によって高く評価されている。初期社会科の段階と呼んでいる。

　こうした初期社会科の影響は、今日まで継続している面があり、例えば社会科授業の学習指導案を書く際にも、私たちは今でも「単元」という用語を使用している。子ども達のまとまりある経験的な学習ユニットを、当

時は「単元」と呼んだことに由来している。

(2) 初期社会科の変質と学問的系統主義の社会へ

　戦後、民主主義的な再建を教育で担った日本の社会科は、1949 年の中華人民共和国の誕生、1950 年の朝鮮戦争の勃発などにより、東アジア全体の冷戦対立が激しくなり変化し始めた。この頃より、市民教育の推進よりは、国家としてのまとまりを重視した愛国心育成などのナショナリズム重視の教育、道徳主義の傾向が強められることになった。1958 年に改訂された日本の学習指導要領も、教育現場を拘束する文部大臣「告示」と改められると共に、一方では科学主義的思考が基盤とされるようになった。日本の高度経済成長に対応した学問的知識中心、愛国心中心の教育に変わっていったといえる。

(3) 文部科学省（旧文部省）の社会科学習指導要領の変遷

　さて日本の学習指導要領は、1947 年に出されて以来、基本的には 10 年ごとに改訂されてきた。現在は第 8 次改訂の学習指導要領によって全国の教育が進められている。検定教科書の使用などを通じて教育現場の授業を拘束する力も強められている。あわせて学習指導要領を詳細に解説した小学校、中学校、高等学校ごとに社会科の「解説」、高校「地理歴史科解説」「公民科解説」も文科省より刊行され、全国の教育実践の指針となっている。また領土紛争など国際問題に関しては、政府見解を指導するように明記され、政府の立場を明確に示している。社会科は、社会的、国際的、政治的論争問題などに関しては、政治的な影響や判断が介入し、教育の自律性を巡っての問題になりやすい性格を持っている。また戦後の各段階の学習指導要領の改訂は、その時々の日本の社会、政治状況や国際関係を反映させてきた。

　中学校学習指導要領・社会の改訂は次のようになる。

・1947 年 3 月　　文部省－学習指導要領教科編（試案）の発行
　　　　　　　　　市民育成のための経験主義教育・問題解決学習（初期社会科という）
・1951 年 7 月　　中学校学習指導要領（試案）の第 1 次改訂（初期社会科）
・1956 年 2 月　　中学校学習指導要領社会編の第 2 次改訂（初期社会科か

ら系統主義へ）
- 1958年2月　小・中学習指導要領（告示）社会の第3次改訂（系統主義・高度経済成長）
道徳教育の徹底・基礎学力の充実・科学技術教育の向上
- 1969年4月　小・中学習指導要領（告示）社会の第4次改訂
公民的（政治・経済・社会）分野の成立・地理歴史並行学習
- 1977年7月　小・中学習指導要領（告示）社会の第5次改訂
授業時数の削減、初期社会への回帰、ゆとりの時間
- 1989年3月　小・中学習指導要領（告示）社会の第6次改訂
個の視点の重視／関心・意欲を学力に盛り込む
小学校低学年および高校で社会科が再編される
- 1998年12月　小・中学習指導要領（告示）社会の第7次改訂
授業内容の大幅削減・学校週五日制・総合的学習の時間の導入
　　※のちに基礎学力低下論が高まる
- 2008年3月　小・中学習指導要領（告示）社会の第8次改訂
授業時間数の増加、基礎的・基本的知識、技能の重視、言語活動の重視（PISA型学力の重視——スキル・思考・判断・表現など）
地理的分野／領土の問題の明示

1.2. 現行の中学校社会科の教育課程（2008年、2014年一部改訂）

(1) 社会科の目標観

文部科学省『中学校学習指導要領社会』に示されている社会科の目標は、次のようになっている。

　広い視野に立って、社会に対する関心を高め、諸資料に基づいて多面的・多角的に考察し、我が国の国土と歴史に対する理解と愛情を深め、

　　　　公民としての基礎的教養を培い，国際社会に生きる平和で民主的な国
　　　　家・社会の形成者として必要な公民的資質の基礎を養う。

　ここには「国際社会に生きる平和で民主的な国家・社会の形成者として
必要な公民的資質の基礎を養う」とされ、社会科はこの「公民的資質」を
育成する教科として明示されているのがわかる。公民的資質とは具体的に
は、いわゆる「市民」としての概念と「国民」としての概念の二つを包含
させた幅広いものである。中学校は、日本の義務教育の最終段階であり、
わずかだが卒業後に社会に（高校進学せずに）出る子どももおり、社会人
としての基礎的な知識やスキルを身につけるという課題を負っている。そ
の点で中学校社会は、公民的資質の基礎を習得させなければならず、それ
は市民としての知識や諸能力、国民としての義務と権利を身につけるとい
うことになる。近年、日本では国や地方の選挙に一八歳以上（高校生も含
む）の選挙権が付与され、中学校でも主権者としての公民的資質育成がよ
り期待されている状況にある。

(2) 中学校の分野制と授業

　社会科は、基本的には、小学校は総合的社会科の性格、中学校は三分野制、高等学校は科目重視となっている。公民的資質を育成するには、中学校の社会科教育は、三つの分野を緩やかに関連させて公民的資質を育成する教科構造となっている。三つの分野とは、歴史的分野、地理的分野、そして公民的分野の三領域である。

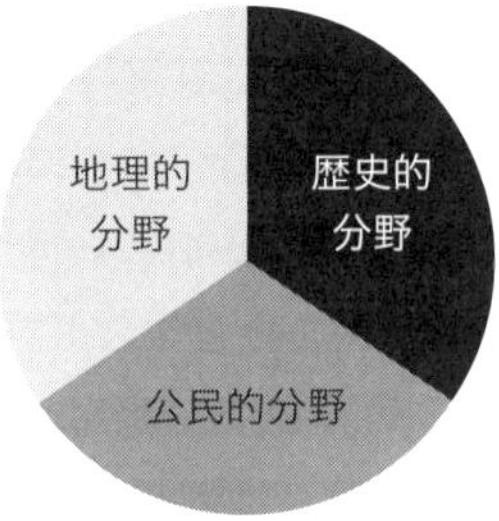

　分野の内容は以下のとおりである。

図1　中学校社会分野制

【歴史的分野】　人類誕生以来、日本の歴史時代ごとに日本の歴史を中心に、
　　　　　　　そして、日本の歴史の大きな転換点に対してその背景とな
　　　　　　　る世界史を学習する構成となっている。世界史としては、
　　　　　　　古代文明やギリシャ・ローマ時代、東アジアの古代史・中
　　　　　　　世史、15〜17世紀（大航海時代）、日本の近世期（江戸
　　　　　　　時代）、明治時代や現代史となっている。学習指導要領では、

これらの内容を 8 単元で示している。
【地理的分野】　地図や地球儀の利用、世界地誌、日本地誌、学校付近の地理的事象などを扱う。
【公民的分野】　家族や身近な社会、憲法や国会、裁判所、内閣、地方自治といった政治学習、経済学習、現代世界の社会問題や国際問題・紛争、平和の問題などを扱う。とくに公平・公正や社会参画などが重要なキーワードとなっている。

そして原則、地理的分野と歴史的分野を学習した上に（基礎として）、公民的分野を学習するという構造である。

社会科は中学校一年生から三年生まで学習するが、配当時数は［表1］のとおりである。

表1　社会科の配当時数（中学校）

分野	各分野の総時数	一般的に学習する学年
地理的分野	120 時間（1 時間＝ 50 分）	1 年生・2 年生
歴史的分野	130 時間（1 時間＝ 50 分）	1 年生・2 年生・3 年生
公民的分野	100 時間（1 時間＝ 50 分）	3 年生

(3) 社会科の「学力」と評価

小・中の社会科や高校の地理歴史科・公民科に共通する学力観は以下の通りとなっている。

　　ア．社会的事象への関心・意欲・態度
　　イ．社会事象な思考・判断・表現
　　ウ．観察・資料活用の技能
　　エ．社会事象についての知識・理解

各授業も上記の学力を意識して設計されることになるし、振り返りとしての教師自身の授業評価や子ども達の評価・評定もこれに基づいて行われている。最も難しいのは、ア．「関心・意欲・態度」の部分であり、いわば個々の子ども達の学習に対する向き合い方という内面の意識の部分である。授

業はこれらを掘り起こすことから始められなければならないし、また評価・評定の資料ともしなければならない。近年の国際学力調査の影響から、イの「思考・判断・表現」とウ.「観察・資料活用の技能」は重視される学力と位置付けられている。これらは知識・理解重視の従来の教え込み教育の是正のためにはとても有効な観点といえる。近年こうした点での教育改革が進められている。

(坂井俊樹)

2. 中学校社会科地理的分野における教育実習プログラムについて
2.1 地理教育の立場からみた教育実習の問題

(1) 教育実習環境の問題

　日本の中学校では地理学習は社会科の一分野として位置付けられている。しかし、中学校で社会科を教える教員のうち、大学で地理学を専攻した教員の割合は一割に達しないと言われる[1]。本学附属中学校[2]の場合、かつては各地区に社会科教員が3人おり、そのうち各1人は大学で地理学を専攻した教員であったが、定員削減のあおりを社会科が受け、現在は各地区の常勤社会科教員は2人、大学で地理学を専攻した教員は8人中僅かに1人しかいなくなってしまった。その教員も校務分掌によって地理的分野をいつも担当するわけではない。

　3週間の教育実習という短期間で三分野すべての授業を経験させることは、学生の負担も大きく、また、指導教員の担当授業の関係もあり、きわめて稀である。本学附属中学校でも一分野のみ担当させることが多い。なお、日本では、教育実習は中学校か高等学校のどちらかで行えばよい。高等学校で教育実習をする場合、一般に学生は自分が専攻している科目のみを担当する。本学の場合、附属中学校とそれ以外の中学校と2回教育実習を行うので、地理的分野を担当する可能性はいくらかあるが、教育実習で地理を指導した経験がないまま教員になるケースは稀ではない。

(2) 学生側の問題

地理教育の立場から見て大きな問題は、現行学習指導要領では、高等学校では地理が選択科目で、社会科免許を取得しようとする学生の多くが高校時代に地理を選択していないということである。また、ほとんどの学生が「アクティブ・ラーニング」の経験がないことも問題である。

2.2　本学中等教育教員養成課程における教育実習に向けた取り組み

本学中等教育教員養成課程の学生は、地理学のほか、歴史学、哲学・倫理学、法学・政治学、経済学、社会学の計六分野全てを一通り履修することになっている。地理学については以下の講義が必修である[3]。

一年次：地理学概論、（地理学研究法）

二年次：自然環境、地誌学概論、地誌学研究法

地理学専攻学生には、このほかに臨地研究をはじめ自然地理・人文地理・地理情報などに関する講義が豊富に用意されている。

一方、教科教育学については、まず一年次後期に必修科目「社会科概論」があり、社会科とは何か、その教育的意義は何か、なぜそれが必要なのかなどといった基本的なことを学び、社会科の授業についての問題意識を高める。それを受けて、中等社会科教育法の授業が二年後期に理論的なことを中心に、そして続く三年前期に学習指導案の作成や模擬授業など実践的な学修を中心に進められる。さらに、主に高等学校を対象にした中等社会科・地理歴史科教育法と中等社会科・公民科教育法のどちらかまたは両方を三年の前期・後期で履修する。

三年前期には教育実習事前指導が行われ、大学教員に加えて附属中学校・高等学校教員による講義のほか、大学キャンパス内にある附属小金井中学校での授業参観を通して、授業観察の方法、生徒の実態把握、指導方法などを学ぶ。6月下旬には、教育実習校でのオリエンテーションがあり、夏休みの8月を中心に教材研究を進めることになる。事前指導の授業では、本課程の学生が担当することになった授業の学習指導案を、グループの意見をもらいながら作成するなどして、模擬授業を実施している[4]。

2.3 附属中学校での社会科の教育実習(「基礎実習」)

教育実習は三年次の9月に附属中学校で3週間行われる。最初は指導教員の授業を参観しながら、これから行う授業を念頭に、各学級の生徒のようすを把握する。第1週の後半ごろから授業を担当する。授業は自分の配属学級を中心に担当することが多い。お昼休みや放課後などに生徒と話すなどして、生徒の実態や配属学級の特徴をつかみ、生徒とのコミュニケーションがとれるようになると、授業はスムーズに進みやすくなる。

本課程の場合、現在、教員1人当たり2～4人の教育実習生を担当している。各学年4学級あり、1人で特定の授業を全学級で担当したり配属学級の授業を全時間担当したり多様なケースが見られる。筆者が附属中学校で勤務していた際は、基本的に配属学級を中心に授業を受け持つとともに、同じ授業を他の学級でも指導してもらった。学級によって指導方法に工夫をする必要が実感できるからである。また、同じ学習内容を複数の教育実習生が担当することにより、それぞれの良さや課題が見えてくる。特に授業における資料活用は参考になる。

授業後、指導教員を同じくする学生が集まって意見を出し合い、指導教員の指導のもとに各授業を振り返る。授業の準備においても、彼らが学び合うすがたがよく見られる。一般の大学における公立学校等での教育実習では教員1人当たり1人の学生を担当する。本学の附属中学校における教育実習よりも恵まれているように思うかもしれないが、同じ境遇にある仲間とともに学習指導案を検討することなどを通じて、授業を創ったり振り返ったりすることは、今日の学校で求められている協働的な授業づくりにも資する上、授業力向上へのエネルギーとなり、たいへん意義深い。

2.4 附属中学校での地理的分野の教育実習における資料活用

地理的分野では、地図や統計、景観写真等の各種資料を適切に用いた言語活動の充実が求められている。附属学校教員はそうした要請を受けて、資料を活用した授業をよく工夫しており、講義式の授業よりも、グループ

による学習をはじめ「アクティブ・ラーニング」が広く実践されている。

　学生も大学での講義を受けて、中学生が主体的に学ぶ授業、考える授業を創りたいといった目標を持って教育実習に臨むのが一般的である。しかし、多くの学生は自らの中学・高校時代に知識詰め込み型の授業しか経験しておらず、資料を活用して地理的事象を考察する授業について具体的なイメージを持ち合わせていない。しかし、三年生の彼らは、大学での講義やゼミを通じて、適切な資料に基づいて考察することについて、各専門分野で一定の経験を積んでいる。導入や中心的な発問に関わる内容などでは、適切な資料を探して活用する授業を心がける姿がよく見られる。その姿勢を応援したい。

　地理学習では、特に地図は重要である。日本では地図帳が教科書として全生徒に無償配布されている。その地図帳には基本図のほか、各種の主題図や図表が豊富に掲載されている。しかし、残念ながら一般に地図帳が必ずしも十分に活用されているとは言えず、実習生も迷いながら、その活用を考える。授業内容に直結する資料にはすぐ飛びつくが、例えば降水量や人口分布といった基本的な主題図が、その学習以外ではあまり使われない傾向がある。しかし、多くの地理的事象の考察には、気候などの自然的条件や人口分布と対比すると、その背景がわかってくることが多々ある。基本図もあまり活用されていない。位置の確認だけでなく、地域の全体像や地域間の位置関係など、広く活用させたいものである。

　地図帳のほか、教科書、さらに学校によっては生徒に持たせている市販の資料集も含めて、それらに掲載されている資料も活用できる。今日では、インターネットから教材として使えそうな景観写真や統計資料などを収集することが当然のようになっている。地理学専攻の学生の多くはそれに慣れているようである。資料の収集・活用には実習生による個人差が大きいが、他の実習生の授業を見るなどして、その活用方法を高めていくことが散見される。

2.5 「応用実習」に向けて

附属中学校での教育実習を終えた学生の多くは、学校現場で得た経験を基に、よりよい指導をめざして大学での勉強を深めようとする意識が高まる。そこで、教育実習直後に学生が受講する事後指導を通して、教育実習を振り返り、その成果と課題を整理させる。以下、学生2人の例を挙げる。

〈学生A〉
- 授業づくりの課題：①教材の適切性、②授業のストーリー性（因果関係等）、③内容の整理、④説明力（端的に簡潔に）
- 授業中の課題：①全員参加、②授業内のつまずきへの対処、③発言しない生徒への対応

〈学生B〉
- 学んだこと：①導入の大切さ、②資料の吟味（生徒はどこを見てどう考えるか予め考える）、③映像資料のインパクト（収集する習慣）、④知っているとできるは違う、⑤異なる立場や対立を提示すると考えやすい
- 課題：資料の精選とスムーズな展開

一般的に、教育実習後の三年後期の中等社会科・地理歴史科教育法では、「基礎実習」での経験を生かして、実践的で充実した指導案作成に努める雰囲気が見受けられる。そこで、筆者は、中学校・高等学校の連携も視野に入れて、自分の課題を意識して学習内容や資料活用について考えさせている。学生は、資料活用を当然のように学習指導案に位置づけ、適切な資料の収集に力が入る。地理学専攻の学生に助言を与えさせる一方、それ以外の学生には地理が得意ではない生徒の立場に立って検討させたり、それぞれの立場から地理的事象をより広い視野から考察させたりしている。

三年次後期には「社会科教材論」の授業もある。地理と歴史の教員が担当する授業と公民系の教員が担当する授業のどちらか一方を履修する。前者を履修すれば、地理学の専門的な視点から教材研究を深められ得る。

2.6 今後の課題

　次期学習指導要領では、高等学校で地理が歴史とともに必修（2 単位）となる。それは社会的事象の考察には地理と歴史の両面からの考察が必要であることのほか、近年注目されている①地図・GIS の活用、②防災、③ ESD、④グローバル化等の観点から、地理学習の有用性が認識されたところが大きい。社会科の学生は地図の活用や自然環境の理解を不得手とする者が多いが、その必要性は理解している。いずれも大学の講義で、そのスキルを向上させることが求められる。さらに教科教育法の授業で、授業における地図の活用、自然と人文の両面からの考察について意図的に取り上げていくことが重要である。中等社会科教育法ではもちろん、中等社会科・地理歴史科教育法においても、地理と歴史の両方の学習指導案の作成を経験させることが不可欠である。特に防災については、そもそも学生がその重要性について認識していること、生徒の当事者意識を高めやすいことはもちろん、さらに自然環境の理解を踏まえる必要があること、地図の活用が求められることからすれば、その学習について検討させる意義は大きい。このほか、多くの中学生が高い関心を示す単元「世界各地の人々の生活と環境」については、大学生の関心も高めやすいので、衣食住といった日常生活を、その自然的条件・社会的条件と関連付けて考察させるとよいであろう。単元「日本の諸地域」においては、それこそ日本の諸地域から学生が集まっている本学の特性を踏まえて、各地域に居住している学生の視点を活かすことも意義深い。

　こうした学習指導案の作成を通して、学生に地理教育の教育的意義や各種資料を活用すると理解が進むことなどを実感させることが重要である。なお、地理学の神髄とも言えるフィールドワークが現場でほとんど実践されていないことから、大学で地理学・社会科教育学ともに、学生にそれを体験させることが必要である。体験した大半の学生は、その意義を実感する。

　学生に研究的姿勢を身に付けさせることが大学の使命であると言える。その研究的姿勢を継続的に持つことが、教員になってからの授業改善の原

動力になる。教育実習は学生がそれを最初に痛感する機会なのである。

注
1　中学校社会科教員免許状の取得要件（一種以上）は、日本史および外国史、地理学（地誌を含む）、「法律学，政治学」、「社会学，経済学」、「哲学，倫理学，宗教学」の各1単位以上、計20単位以上となっている。多くの学生は、採用試験で有利になるため、高等学校地理歴史科、同公民科の一方または両方の免許も取得する。前者の取得要件は、日本史、外国史、人文地理学および自然地理学、地誌の各1単位以上、計20単位以上である。「開放制」を採っている日本では、社会科の免許を取得できる大学はたいへん多いが、地理学の常勤スタッフがいる大学は限られている。教員養成課程ではない大学では、地理学については非常に限られた単位数を履修するだけということが多い。また、地理学の講義についても、自然地理、人文地理、地誌の内容を、それぞれ専門とする教員が担当するとは限らない。このため、地理学や地理教育に対する関心が乏しかったり理解が十分ではなかったりする状態で教員となることは多々ある。
2　本学の附属学校には中学校が3校あるほか、中学校と高等学校を一貫する中等教育学校が1校ある。本稿では、中等教育学校を含めて述べる。
3　地理学研究法は選択必修であるが、履修が薦められ、ほとんどの学生が履修している。なお、本学では初等教育教員養成課程と中等教育教員養成課程を担当する地理学者が4人、それ以外の課程の担当者を含めると計6人いて、恵まれている方である。
4　本学の中等社会科教育法に関する講義では、初等教育教員養成課程や特別支援教育教員養成課程、教育支援系の学生も受講している。定員が少ない中等教育教員養成課程の学生は少数派である。なお、中等教育教員養成課程・教育支援系以外の学生が中学校等で教育実習を行うのは四年次である。

（荒井正剛）

［おことわり］本稿の脱稿後、2017年3月に改訂版の中学校学習指導要領が公示された。しかし本稿では、日中比較の全体的観点から、当時の学習指導要領をもとにしている。

終章

日中の教師教育に関する研究交流
――温故知新――

岩田 康之・三石 初雄

1. 東北師範大学と東京学芸大学の交流

1.1 学術交流の始まり

　本書の各章に収められている諸論考は、中国（東北師範大学）と日本（東京学芸大学）との、教師教育に関わる研究交流の過程でシェアされてきたもののうち、教育実習に関わるものが軸になっている。

　本章では、東北師範大学と東京学芸大学との、教師教育分野に関する研究交流の歩みを振り返りながら、教師教育に関する国際的な研究交流を、異国の実践に踏み込む形で行う際の課題を素描してみたい。

　東京学芸大学は、海外の65大学との交流協定を持っている（2018年度）。その交流協定先のうち11大学は中国（香港特別行政区を含む）にあるが、東北師範大学との交流協定（学術交流・学生交流）はその中で、北京師範大学に次いで2番目に古い。

　当初は原聰介教授（教育学。現・名誉教授）が仲立ちとなって東北師範大学との交流協定に向けての協議を行い、1996年9月4日に協定を結ぶこととなった。交流協定に際しての東京学芸大学側のコーディネータ[1]は、黒沢惟昭教授（教育学。現・名誉教授）が務めた。黒沢教授の専門はグラムシ（イタリアの思想家）研究で、訪中の経験はなかったという。交流の手始めに、1998年度から毎年相互訪問をして、教育学と社会科学をテーマとする共同研究を行うこととした。この共同研究に関わって、東京学芸大学では黒沢教授を代表者とする科学研究費補助金（1998-2000年度基盤研究(B)「20世紀東北アジアにおける社会及び教育の変動と国際関係」）を得て、主に教育学と社会科の教員たちが研究分担者として参画した。こ

の時に社会科の方からこの科研費研究に加わった1人が坂井俊樹教授（のち2004年から教員養成カリキュラム開発研究センター長、現・名誉教授）である。この時の研究成果は、黒沢惟昭・張梅『現代中国と教師教育――日中比較教育研究序説』（明石書店、2000年）として刊行されている。

　この後、両大学の研究交流は、教師教育の分野を軸に行われていくが、それは、発端において、教育学を専門とする教員が軸になったことに大きく依っていると見られる。たしかに東北師範大学・東京学芸大学とも、それぞれ教育系（師範系）大学として知られており、実際に教育界に多くの教師たちを輩出している。しかしながら、よく知られているように、教育系大学は狭義の教育学者（教育学の研究を専門にする研究者）や教科教育の研究者のほか、初等中等教育の教育内容（教科）に連なる各分野の専門の研究者を多く抱えており、教師教育それ自体にフォーカスした研究プロジェクトを組織するのは実は容易ではないのである。

　　1.2　研究交流の基盤

　2000年に、東京学芸大学教員養成カリキュラム開発研究センターが全国共同利用施設として創設され、センター長（学内の教授併任）のほかに5人の専任教員、2人（国内1・外国人1）の客員教授が予算措置された。本書の編者2人（三石、岩田）は、この時に着任している。このセンターは日本の国立教員養成系単科大学に最初に設けられた全国共同利用施設であり、中には三つの部門（学校教育カリキュラム、教員養成プログラム、教員研修プログラム）が置かれ、学校教育に軸足を置きつつ、教員の養成（入職前）－研修（入職後）を見通して教師教育のありようを、国際比較も含めて実践的かつ構造的に検討していく組織的な基盤が作られた。

　一方、東北師範大学においては、教育学研究の中でも特に比較教育のそれに重点が置かれており、なおかつその「比較」の対象としての日本（を含む東アジア諸地域）の比重が高い（それゆえ日本語に堪能な研究者が多い）ことが特長である。同大学の国際與比較教育研究所は、1964年に毛沢東主席の意を受けて国務院が設置した、中国でも最も長い歴史を持つ国

際的な研究機構である。現在はこの研究所は教育学部の中に置かれているが（所長＝饒従満教授）、この研究所と、教師教育研究院（2009年設置）とが、教師教育に関する国際的な研究交流の拠点としての役割を果たしてきた。

　なお、東京学芸大学教員養成カリキュラム開発研究センターの専任教員たちは同大学大学院教育学研究科のそれぞれの専攻に分属して大学院生たちの研究指導に当たってきているが、東北師範大学の国際與比較教育研究所、教師教育研究院はそれぞれ大学院（研究生院）の国際比較教育専攻、教師教育専攻と対応しており、それぞれ直接に大学院生（修士・博士）の研究指導を担っているという違いがある。後述するような、東京学芸大学の教員が東北師範大学を訪問した際の研究報告や講義、セミナー等のオーディエンスの相当数は、こうした、日本の教師教育に研究関心を強く持つ隣国の若者たちである。

1.3　東アジア教員養成国際コンソーシアムと共同研究

　一方、東京学芸大学では、21世紀に入ってから、国際的な研究交流・学生交流を進める中で、中国や韓国の教育系大学とのネットワーク作りを積極的に進めてきている。2006年に東京学芸大学にて「東アジア教員養成国際シンポジウム」を開催したことを機に、以後日本→中国→韓国→日本、と会場校を回り持ちする形で、2018年度（2018年10月31日〜11月1日、東京にて開催）までに13回のシンポジウムを続けてきている。

　このシンポジウムに集った各大学を中心に「東アジア教員養成国際コンソーシアム」が2009年に結成され、研究交流と学生交流をこのコンソーシアムで活性化させていくこととした。同コンソーシアムには、2018年度の時点で47大学（日本語圏14、中国語圏14、韓国語圏18、モンゴル語圏1）が参加している。

　同コンソーシアムでは、2011年度から、「東アジアの大学における教員養成の質保証に関する国際共同研究」に取り組み、その成果は日本語の書籍（東アジア教員養成国際研究プロジェクト編『「東アジア的教師」の今』、

東京学芸大学出版会、2015 年）にまとめられている。各地域によって異なる教員養成のシステムのありようや、そこでの質保証の現状や課題に関する調査検討を横断的に進めていく中で、東北師範大学の研究者たちには多くを負うことになった。

　その理由は単純なことである。一口に「東アジアの教育系大学」と言っても、それぞれ出自や「守備範囲」は異なる。韓国の「教育大学校」は小学校の教員の養成と現職教育を行ってはいるが、中等教育の教員養成に関しては「師範大学」やその他一般大学の教職課程などが担っている。また、中国の教育部直轄の師範大学においても、たとえば北京師範大学や華東師範大学は、もともと中学教員の養成を行う師範大学として成立した出自もあって、学部（学士課程）レベルの小学校の教員養成プログラムを提供してはいない（小学校の管理職養成や、大学院レベルでのプログラムはある）。そんな中で、就学前から後期中等教育に至る教員養成プログラムを学士課程レベルで提供するとともに、これに連なる大学院修士課程（学問学位、専門職学位）や研究者養成のための博士課程を持ち、国際的な比較の視野も含めて教師教育全般を構造的に見通すことができる大学は、東北師範大学と東京学芸大学ぐらいしかないのである。

2.「老朋友」の往来：研究交流の経緯

2.1　客員教授の相互招聘

　前述のとおり、東京学芸大学教員養成カリキュラム開発研究センターには毎年 1 人の外国人客員教授が予算措置された。この客員教授ポストは、国立大学法人化（2004 年）の後も受けつがれ、2018 年度までに 20 人の外国人研究者が客員身分で滞日している。地域別内訳は、ヨーロッパ 4、北米 2、オセアニア 1、東南アジア 2、そして東アジア 11（中国本土 7、香港 2、台湾 1、韓国 1）である。中国から招いたうち、以下 5 人は東北師範大学の研究者である。

董 玉琦 教授（教育工学、現・上海師範大学教授）2003 年 4 月～9 月
饒 従満 教授（比較教育、道徳教育）2006 年 11 月～2007 年 5 月
李 淑文 教授（数学教育）2011 年 10 月～2012 年 3 月
陳 欣 副教授（比較教育、高等教育）2012 年 11 月～2013 年 4 月
李 広 教授（国語教育）2013 年 10 月～2014 年 3 月

　5 人それぞれに日本への留学経験を持ち、日本の教育事情を知悉していたことに加え、日本語に堪能なこともあって、研究交流に多大な貢献をなしてくれた。外国人客員教授たちは通常、滞日中におおむね月一度のセミナーを開き、また教員養成カリキュラム開発研究センターの主催するシンポジウムでの話題提供なども行っているが、それらが日本語で行われたということは、日本人のオーディエンスに取ってはたいへんありがたいことであった。
　またこれらの客員教授（給与や研究費を東京学芸大学が負担）とは別に、外国人研究員（滞在費等は東北師範大学側が負担）として、2013 年度に王秀紅教授（化学教育、2013 年 10 月～2014 年 9 月）と熊梅教授（東北師範大学附属小学校長、2014 年 2 月～3 月）を受け入れている。この 2 人の、東京学芸大学側の受け入れ担当教員は編者 2 人（2014 年 3 月までは三石、4 月以降は岩田）が務めている。
　一方、東京学芸大学からは、招聘教授として、三石（2012 年 4 月～7 月）、岩田（2013 年 9 月）が東北師範大学に滞在し、それぞれ主に大学院生を対象とした講義を行っている。以下題目を掲げておく。

【三石初雄】
　第一回　現代日本における教員養成の事例解題
　　　　　――東京学芸大学を主な事例として
　第二回　近年の教員養成カリキュラムの開発研究の動向
　第三回　日本自然科学教育の実践研究動向
　　　　　――物理・化学教育実践の試み――
　第四回　教師力量形成と授業研究

【岩田康之】
　第一回　日本の教師教育改革の動向
　　　　　── 教員養成教育の質保証を中心に ──
　第二回　教師教育のグローバル化
　　　　　── 東アジア諸地域の動向を中心に ──
　第三回　教師教育カリキュラムと「実践性」
　　　　　── 日本の動向を中心に──

　こうした滞在とは別に、東北師範大学の教師教育研究院の招きで、以下のような単発の講義を行ってもいる。

【三石初雄】
「学級王国から"組織学校"（チーム学校）へ」2016 年 11 月
「"満州"教科書を通して学校教育を考える」2017 年 10 月
「教職大学院での教師教育を考える」2018 年 11 月
【岩田康之】
「日本の教員制度（採用・人事・研修）をめぐる諸課題」2017 年 12 月
「日本の「大学における教員養成」に関する近年の動向」2017 年 12 月

　これらの講義は日本語で行われ、東北師範大学にいる、日本語に堪能な研究者による通訳の助けを借りている。
　このように、十数年にわたって研究者の、比較的長期にわたる相互訪問と滞在によって互いに交流を深め、「老朋友」（親しい友だち）としての関係を築いたことが、一連の共同研究の基層をなしている。

　　2.2　相互訪問・研究会・フィールドワーク

　こうした、客員教授身分の相互交流のほか、東北師範大学・東京学芸大学双方に、プロジェクト等を立てて独自の予算を得て、研究会の開催や、

双方の教師教育に関わるフィールドワーク（学校訪問、実習校訪問、教員研修施設の見学、各種意見交換、調査等）を行ってもきている。以下主なものを挙げておく（いずれも所属等は当時のもの。敬称略）。

①：2004年9月　東京→長春
　訪問者：　坂井俊樹・池田延行・三石初雄・金谷憲・福地昭輝（以上、東京学芸大学）・寺岡英男（福井大学）
　通　訳：　唐磊（課程・教材研究所教授、東京学芸大学教員養成カリキュラム開発研究センター元客員教授）

②：2005年12月　東京→長春
　訪問者：　坂井俊樹・池田延行・三石初雄・岩田康之
　通　訳：　谷峪（東北師範大学国際与比較教育研究所教授）
　報　告：「日本の教員養成の現状と今後の検討課題」（岩田康之）
　　　　　「カリキュラム改革の先駆としての研究開発学校」（三石初雄）

③：2008年1月　東京→長春
　訪問者：　坂井俊樹・岩田康之・三石初雄
　通　訳：　谷峪（東北師範大学国際与比較教育研究所教授）
　報　告：「日本の教員養成政策の動向と課題」（岩田康之）
　　　　　「日本の学校教育改革とこれからの教師に求められる力量」（三石初雄）

④：2008年9月　東京→長春
　訪問者：　三石初雄・岩田康之
　報　告：'Experience' and 'Reflection' on Teacher Education Curricula in Japan（Iwata, Yasuyuki）[2]＝国際シンポジウムでの基調報告
　　　　　「日本の教員養成制度改革と教職大学院」（三石初雄）

⑤：2009年11月　長春→東京
　訪問者：　饒従満（東北師範大学）
　報　告：「教師教育の改革動向 ── アジア諸国と日本 ── 」（饒従満）＝東京学芸大学教員養成カリキュラムセンター10周年シンポジウムの報告

⑥：2010 年 10 月　東京→長春
　訪問者：　嶋中道則（教員養成カリキュラム開発研究センター長）・三石初雄・岩田康之
　報　告：「日本の教師教育改革における近年の動向と課題」（岩田康之）
　　　　　「日本の教員養成における実践的指導力の養成 ── 経験と課題 ──」（三石初雄）
⑦：2011 年 3 月　東京→長春
　訪問者：　前原健二・三石初雄
　報　告：「「学校の組織力」強化のための研修プログラムの開発」（前原健二）
　　　　　「授業研究法の探究」（学校、学力観、パフォーマンス評価とルーブリック）（三石初雄）
⑧：2011 年 9 月　東京→長春
　訪問者：　坂井俊樹・前原健二・三石初雄・岩田康之・矢嶋昭雄
　　　　　（東北師範大学主催、日中教育学術研討会への招待）
　報　告：「日本の教師教育における実践的プログラムの動向」（岩田康之）
　　　　　「大学と教員研修の関わり ── 最近の日本の状況 ──」（前原健二）
　　　　　「附属学校と大学との連携による教育実践研究」（三石初雄）
　　　　　「東京学芸大学の教育実習」（矢嶋昭雄）
⑨：2012 年 2 月　長春→東京
　訪問者：　饒従満・馬雲鵬・高夯（東北師範大学）
　　　　　※ 共同研究準備についての打合せ（東京学芸大学側からの客員教授派遣、秋期の両大学間訪問調査の調整等）
⑩：2012 年 9 月　東京→長春
　訪問者：　前原健二・三石初雄・岩田康之・矢嶋昭雄
　報　告：「中国における教員養成 ── 日本人研究者の視点から ──」（岩田康之）
　　　　　「東京学芸大学の教育実習」（矢嶋昭雄）
　　　　　「日本から見た東北師範大学・UGS モデルの特徴」（前原健二）

「教科専門と教職専門をどう繋ぐか──東京学芸大学の事例を基に」(三石初雄)
⑪：2012 年 10 月　長春→東京
　　訪問者：高夯・李広・李広平・董玉琦・袁考亭・于海波・王秀紅・韓継偉(東北師範大学)
　　※ 公開研究協議会・東京学芸大学附属学校訪問(教師と学生たちとの懇談)・群馬大学教育学部の実習プログラムの訪問調査・附属小学校訪問等
⑫：2013 年 2 月　長春→東京
　　訪問者：饒従満・周歌陽(東北師範大学)
　　報　告：東北師範大学における教師教育者養成(饒従満)＝シンポジウム「教師教育者の在り方を探る──中国の取り組みを手がかりに──」において、陳欣客員教授とともに話題提供
⑬：2013 年 9 月　東京→長春
　　訪問者：筒石賢昭(教員養成カリキュラム開発研究センター長)・前原健二・三石初雄・矢嶋昭雄(＋客員教授として岩田康之が滞中)
　　※ 第 8 回東アジア教員養成国際シンポジウムに参加、引き続き研究協議
⑭：2014 年 10 月　長春→東京
　　訪問者：陳欣・于偉・呂立傑(東北師範大学)
　　報　告：「教育実習に関する研究」(呂立傑)
　　　　　　「東北師範大学における小中学校教師の養成：実践性の探索」(于偉)
　　※ 教育実習に関わる日中比較検討会を東京学芸大学にて開催
⑮：2014 年 12 月　東京→長春
　　訪問者：大竹美登利(教員養成カリキュラム開発研究センター長)・三石初雄(帝京大学)
　　※ 東京学芸大学と東北師範大学との共同研究のまとめに関しての協議
⑯：2015 年 10 月　東京→長春

訪問者： 細井宏一（東京学芸大学附属大泉小学校副校長）・赤羽寿夫（東京学芸大学附属国際中等教育学校副校長）・大竹美登利・三石初雄
　報　告：「東北師範大学附属国際中等学校の概要」（赤羽寿夫・細井宏一）
　　　　　「日本の学習指導要領での学校掃除の扱い」（大竹美登利）
　　　　　「教師の専門職性と授業研究――日本の学校と授業研究――」（三石初雄）
　　　　　※附属学校間の交流事業としての訪中
⑰：2015年11月　東京→長春
　訪問者： 前原健二・三石初雄・谷雅泰（福島大学）
　報　告：「日本における地方国立大学の教員養成――福島大学を例として――」（谷雅泰）
　　　　　「教員養成の「高度化」と教職の社会的地位」（前原健二）
　　　　　※東北師範大学教師教育国際シンポジウム「社会転換期における教師教育」での招待。

3.　温故知新：これまでとこれから

　以上のような交流は、単に理論的な整理や政策的な動向の把握といったレベルにとどまらず、双方に多様な教育現場（小学校・中学校、都市部と郊外・農村部等々）を参観し、実際に学ぶ児童・生徒たちや、そこで実習を行う実習学生たちや、子どもたちや実習生たちを指導する教員たちの様子に触れる中で行われてきている。
　教師教育についての国際共同研究を行う際、このように、現場に根ざして「実践性」を考えていく視点は決定的に重要である。そのためには、互いの研究関心を理解する人のつながりが強いことが前提となる。その意味で、この十数年の交流は――語学面では主に東北師範大学の研究者たちに助けられながら――得がたいものであったと総括できよう。
　こうした形で双方が得た知見を基に、それぞれの教育実習を始めとする

実践的プログラムの改善を行い、その成果を踏まえてさらなる研究交流を行っていくことが望まれるが、折しも日中両国とも、高等教育が競争的な環境にさらされ、組織的な安定性の確保が困難になってきていることも確かである。実際、全国共同利用であった時と異なり、法人化後の東京学芸大学教員養成カリキュラム開発研究センターの予算は削減が続いており、上記の多くはセンターのスタッフを代表者とする科学研究費補助金[3]を財源としている。「温故」に加えて「知新」がこれからどれだけできるか、が今後の課題であろう。

注
1 東京学芸大学では、それぞれの交流協定に際し、コーディネータとしての専任教員を各大学に配置して、研究交流や学生交流（留学希望者の相談、受け入れた留学生の指導助言等）の窓口役としている。現在の東北師範大学との交流コーディネータは岩田康之（教員養成カリキュラム開発研究センター教授）が務めている。
2 この基調報告は英語でなされたが、中国語に翻訳されている。岩田康之「日本教師教育課程中的〈体験〉与〈反思〉」、『東北師大学報（哲学社会科学版）』2009年第2期（総第238期）、pp.156-162。
3 三石初雄（代表）「初等・中等学校における算数・数学、理科教育カリキュラムに関する実証的比較教育研究」(2007～2009年度基盤研究(B))、坂井俊樹（代表）「高度実践型を指向する教師教育システムと内容・方法に関する実証的日中比較研究」(2012～2015年度基盤研究(C))、岩田康之（代表）「「開放制」原則下の実践的教師教育プログラムの運営とその効果に関する比較調査研究」(2014～2017年度基盤研究(C))など。

おわりに

　本書の基になる共同研究を進めていく過程で、成果を本にまとめようという話が具体化したのは 2014 年の暮れであった。それまでに東京学芸大学・東北師範大学を行き来する形で行われてきた数多くの研究会・セミナー等の報告内容を整えて、広く両国の教育関係者の参考に資するものを編もう、という思いは双方にあり、その際、内容の軸にすべきは教育実習を始めとする、教師教育において「実践的」とされるプログラムにすべきではないか、という発想が原点にあった。共同研究に参画した双方の研究者が、教師教育を構造的に捉える視野を共有しつつも、同時に教育実践の現場に即してプログラムの実践を進めることに対する強い関心も共有しており、出版のプランは比較的スムースに決まった。

　本書の編者は、いずれも東京学芸大学教員養成カリキュラム開発研究センターの設置当初からの専任教員で、長春にも足繁く通い、2012 年度・2013 年度に相次いで東北師範大学の客員教授（招聘教授）を務めているといった関わりの深さからも、妥当な担い手であったようだ。2 人の大まかな役割分担としては、最初の出版計画から翻訳の依頼、原稿のとりまとめといった前半部分を主に三石初雄氏が、翻訳の調整、出版計画の練り直し、そして訳語の調整といった後半部分を岩田が、それぞれ担当している。

　この共同研究や、東アジア教員養成国際コンソーシアムの共同研究などに関わって、中国語で研究的な意見交換を行う必要が増し、また通訳を介しての協議に隔靴掻痒感を覚えるようになっていた筆者は、少しずつ中国語を独学し、簡体字と文法をある程度マスターすることによって、辞書があれば中国語文献の意味を捉えることが可能になった（とは言え、晩学者ゆえ、発音やヒアリングには相当難儀しているが）。そんなこともあって、臧俐（教員養成カリキュラム開発研究センター・元客員教授）・於穎（東京学芸大学大学院教育学研究科修士課程、2016 〜 17 年度在籍、現在は上海博報堂勤務）の両氏に訳していただいた原稿の最終的な調整は筆者のと

ころで行った。

　しかしながら、日本語と中国語の間には、ともに漢語を用いるがゆえに、翻訳に際して独自の困難があり、この作業には相当に難儀したし、上梓されるに際して、日本語での読者たちに最適な訳語を当てられた自信はない。一例を挙げるなら。中国語の「学生」は、学校で学ぶ者全てを指す。それゆえ、実習校で教育実習を行うのも「学生」であり、その教育実習生の授業を受ける小学校・中学校（初級中学・高級中学）の子どもたちも「学生」なのである。双方が区分できるように前者を「実習生」、後者を「児童」「生徒」などと訳し分けるように試みたが、もしかすると訳注などで補った方がよかったかもしれない、という迷いは今も残っている。

　そんなこともあって、本書採録の諸論考の中には、脱稿から三年ほどを経ているものもあり、その点での統一性のなさは否めない。これはひとえに編者の責任であり、批判は甘んじて受けたい。

　思い起こせば、東京学芸大学教員養成カリキュラム開発研究センターは、2000年の創設以来、初代の高城忠センター長（生物学、故人、在任2000〜2003年度）の時に東北師範大学より董玉琦教授を客員教授として招いたことを契機として、坂井俊樹（社会科教育学、2004〜2007・2010・2011年度）、嶋中道則（国文学、2008・2009年度）・筒石賢昭（音楽教育学、2012・2013年度）、大竹美登利（家庭科教育学、2014・2015年度）、そして真山茂樹（生物学、2016年度〜現在）といった歴代センター長に見守られて、東北師範大学との共同研究を進めてきた。本書は、それぞれ異なるご専門を持ちながら、このセンターのセンター長を併任してマネジメントに当たっていただき、頻繁に長春に足を運んで「老朋友」の交流に尽力していただいた歴代センター長へのせめてもの恩返しでもある。

　折しも、日本の国立大学、中でも教員養成系への風当たりは強く、法人化以降の予算削減の圧力はかつてないほど強まっている。2014年3月に定年退職した三石初雄教授の後任補充はなく、本学に置かれた他の研究センター的組織もそれぞれ人員削減を余儀なくされる中、東京学芸大学教員養成カリキュラム開発研究センターも、2019年3月に廃止され、他の二つのセンターの専任教員とともに、新たなセンターに再編されることと

なった。

　本書の編集に際しては、東京学芸大学出版会の生田稚佳さんに、いつもにも増してお世話になった。教員養成カリキュラム開発研究センターが廃止される前に本書を上梓できたのは、彼女のサポートに依るところが大きい。改めて感謝申し上げたい。

2019 年 3 月

岩田 康之

岩田 康之（いわた・やすゆき）
東京大学大学院教育学研究科博士課程単位取得退学。
現在、東京学芸大学教員養成カリキュラム開発研究センター教授（教員養成史、教師教育カリキュラム）、同学長補佐。
主な著書に、『「大学における教員養成」の歴史的研究』（共編著、TEES研究会編、学文社）、『教師の専門性とアイデンティティ』（共著、久冨善之編、勁草書房）、『日中教育学対話Ⅰ』（共著、山﨑髙哉・労凱声編、春風社）、『小学校教師に何が必要か』（共編著、東京学芸大学出版会）などがある。

三石 初雄（みついし・はつお）
東京都立大学大学院人文科学研究科博士課程（教育学専攻）単位取得退学。
現在、帝京大学大学院教職研究科教授（教育方法論、教育課程論）、東京学芸大学名誉教授。
主な著書に、『新しい時代の教育課程』（共編著、有斐閣）、『日本の授業研究　上』（共著、学文社）『高度実践型の教員養成へ』（共編著、東京学芸大学出版会）などがある。

教員養成における「実践的」プログラム
中国の知見に学ぶ

2019 年 3 月 31 日　初版第 1 刷　発行

編　者　　岩田康之・三石初雄
発行者　　村松泰子
発行所　　東京学芸大学出版会
　　　　　〒 184-8501　東京都小金井市貫井北町 4-1-1　東京学芸大学構内
　　　　　TEL 042-329-7797　FAX 042-329-7798
　　　　　E-mail　upress@u-gakugei.ac.jp
　　　　　http://www.u-gakugei.ac.jp/~upress/
装　丁　　池上貴之
印刷・製本　モリモト印刷株式会社

©Yasuyuki IWATA, Hatsuo MITSUISHI 2019
Printed in Japan
ISBN 978-4-901665-57-5
落丁・乱丁本はお取り替えいたします。